福祉施設の事故や虐待はなぜ防げないのか

社会福祉士事務所エイド代表
福士憲昭
FUKUSHI Noriaki

文芸社

はじめに

ここに収めた拙文は、私が北海道内の福祉施設4カ所で計12年間にわたり施設長として勤務していた際に、その折々の出来事や思いを綴り、職員に向けて発信していた所感である。書物として刊行するにあたり、改めて見直し、必要に応じて手を加えた。

まずは、私が所属していた4カ所の施設を紹介したい。

最初に赴任したのは、2000年4月、上川管内南富良野町にある社会福祉法人南富良野大乗会が経営する知的障害者更生施設「南富良野からまつ園」（入所定員117名）であった。

この施設は、南富良野町が過疎化対策と地域経済の振興を目的に債務負担し、1981年4月に開設された。施設長は歴代南富良野町からの天下りで比較的安定した経営が行われていたが、1998年7月に男性職員が女性利用者二人に対して傷害事件を起こし、道内の新聞にも大きく報道された。関係する職員が逮捕され施設長も引責辞任を余儀なくされた。北海道の指導により、今後の施設長はプロパーの就任が強く求められたことから、法人は、全道、全国に公募したが適任者がなかった。

当時、私は、空知管内の栗沢町（現岩見沢市）にある北海道社会福祉事業団が運営する身体障害者総合援護施設「北海道立福祉村」に勤務していた。

ある日、突然に私に白羽の矢が立った。先輩職員から「なぜ、お前が火中の栗を拾いに行かなければならないのか！」とずいぶんと反対されたが、これまでの25年の経験が生かせるチャンスではないかと決断し就任した。着任日には、多くの利用者と職員に出迎えられた。利用者は元気いっぱいだったが、職員の表情は事件の後遺症なのか暗く沈んでいた。

数日後、全職員を招集した会議や家族会役員会の席上で、私は、「今回の事件で、これまで長年培ってきた福祉関係者や地域住民との信頼関係は大きく崩れ、今や最悪の状態である。しかし、私は3年を目途に信頼を回復し『再生からまつ園』を目指したい」と豪語した。

最初の1年間は、職員の意識改革に取り組んだ。私たちは一体誰のために、また、何のためにこの仕事を選んだのかを一人ひとりが考えてほしいと訴えた。そして、更生施設の目的は利用者が生涯この施設の中で終えるのではなく、自立できるよう支援をすることが私たちの使命ではないかと強く語りかけた。

そして、退任するまでの6年間、組織機構の改革、責任体制の明確化、研修の強化、指導から支援に、利用者への呼び捨てや上から目線の禁止、自立と地域福祉の推進、家族との連携強化、成年後見制度の活用など矢継ぎ早に具体策を進めてきた。この間、職員には厳しく指導してきたが、職員は困難に耐え抜き大きく成長してくれたと思う。

グループホームも数カ所整備し、自立訓練棟も建設した。地域就労の推進が道半ばであったが、惜しまれて、2006年3月に退職し後任に道を譲った。56歳の春であった。

次に赴任したのが、2006年4月、前記社会福祉事業団が伊達市で経営する知的障害者総合援護施設「太陽の園」（総定員370名）であった。古巣の同施設に戻るのは9年ぶりであった。この施設は、1968年に北海道が全国に先駆けて大規模施設（コロニー）を設置し、経営を同事業団に委託した。私が赴任する数年前から、北海道は道立施設の完全民営化を進めており、私の着任した4月に完全民営化となった。当時の同事業団理事長から「民間の施設は公立施設とは全く違う経営をしなければならないが、職員の誰一人として経験したことがない。ぜひ君に戻って旗を振ってほしい」と懇願され、総合施設次長に就任し、翌年の4月に総合施設長となった。

しかし、運命のいたずらというのであろうか、私の在職した2年数カ月の間に利用者の大事故が立て続けに4件が発生した。浴室での男性の死亡、転倒による頸椎損傷の男性、水中毒による男性の死亡、15歳の男児行方不明など、施設長として、その事故対応とご家族への対応に追われる日々で、心身とも休まる日はなかった。

特に2008年2月11日に発生した男児の行方不明事故は、全国ネットのニュースとなり、取材記者の対応にも苦慮した。約3カ月半、警察はもとより、地元消防団、行政の職員、福祉関係者、地域の人々、学校関係者等の協力により周辺市町村の山間部まで拡大した大捜索が行われた。もちろん、警察犬や道警のヘリも出動してくれたが発見には至らなかった。そして、同年6月中旬、3カ月半にわたる捜索に職員は疲労困憊し、私は二次災害を懸念し、捜索規模を縮小し継続した。また、担当職員が降職（降任）願いを私に提出するなどもあり、私自身の「けじめ」をつける時期と判断し、厳しい状況であったが、同年6月末日で職を辞した。58歳の初夏であった。

人生とは不思議なものである。次に私を拾ってくださった方がいた。その人は北海道の「福祉の父」と言われ、後志《しりべし》管内黒松内《くろまつない》町で複数の福祉施設を経営する社会福祉法人「黒松内つくし園」の理事長廣瀬清藏氏であった。「どうですか？　うちに来てみませんか？」と誘われ、２００８年７月、同法人が経営する身体障害者療護施設「後志リハビリセンター」の施設長に就任した。

この施設は１９８９年に開設され、生来的要因や労災事故、交通事故、脳機能疾患等で上肢や下肢、体幹等に障害を有する男女50名が暮らし、その多くは車椅子を使用した生活である。利用者の表情は一様に明るく、互いの身体の不自由さを認め合う優しさが現れていたが、一方、確固たる信念を持っていた。それは介助される側として、自分の意思や主張をはっきりと職員に伝える姿勢があった。その信念は、不幸にも障害を負った深い悲しみと苦しみを乗り越えてきた人たちであるが故の強固な意思なのである。

私は暇をみてなるべく多くの利用者と接した。時には日中活動の麻雀やカラオケなども一緒に楽しんだ。そうして触れ合った利用者の皆さんからは、様々な人生の教訓を学んだような気がしてならない。私にとっては前施設での苦難からも解放され、心身ともに癒された２年数カ月であった。職員や利用者の皆さんには心より感謝を申し上げたい。

そして、2011年4月、私は同法人の人事異動で特別養護老人ホーム「緑ヶ丘ハイツ」の施設長に異動となった。高齢者福祉の世界は初めての経験であった。この施設は1975年11月に開設され、大正、昭和、平成を逞しく生きてきた80名の男女が暮らし、100歳以上の元気な女性も数人いた。「安全」「安心」「安楽」をサービスの基本とし、開設以来、廣瀬清藏理事長の教えである「地域に信頼される施設を目指すこと」の目標から、職員も地域行事などに積極的に協力する姿勢には驚かされた。私も地元のライオンズクラブに入会し、わずかながらも地域に貢献できたことは思い出の一つである。

私はここでも様々な人生経験をした入居者との関わりを大切にした。印象に残っている男性がいた。彼はトンネル工事を職業とし道内各地を回り、高速道路のトンネルも作ったと誇らしげに話してくれた。小学校の教師をしていた女性は教え子のことを懐かしく語り、俳句クラブに所属している人たちは作品を見せてくれた。また、孫の成長を鼻高々に話してくれた人たちも多く、皆さんの素敵な笑顔が忘れられない。

2012年3月、体調がすぐれなかった妻の容態が回復せず、廣瀬理事長に退職の了承をいただき、わずか1年間の勤務であったが職を辞することとした。62歳の春、雪解けが進む季節であった。

本書が、福祉業界に従事しておられる方々や高齢者や障害者施設で支援にあたっている職員の皆様のお役に立つことができれば幸いである。

なお、登場する人物の名前は個人情報保護のため、すべて仮名とさせていただいた。また、文中に記載されている法制度の内容は2012年3月時点のものであり、その後、その内容は大きく変化し、現状と異なっている部分があるのでご容赦願いたい。

福士憲昭

2023年秋

目次

第3章　利用者のご家族との関わり合い　75

第4章　支援スキルの向上　102

第5章　施設利用者の権利擁護　128

福祉施設の事故や虐待はなぜ防げないのか

第1章　入所者に起こりがちな事件・事故

入所施設は「小さな社会」と言っても過言ではない。そこには入所している人たちの様々な人間模様が見られるが、時には利用者自身の過失や予期しない事故が発生し、負傷、または利用者間のトラブルに発展する場合もある。

支援する職員は利用者に対して常に「目配り」「気配り」をして事故やトラブルが起きないように配慮し、施設側も事故防止のために日頃から環境整備にも努力をしている。しかし、事故発生の多くは突発的または偶発的に起きるために避けられない場合がある。これは一般社会も施設内でも同様であろう。

事故が発生すると職員や施設長が現場に急行し、本人の身体の状態を確認して、緊急の場合は救急車を手配し、軽傷の時は施設の車で病院に搬送する。また、現場の状況を調査し、なぜ事故が発生したのかを検証しなければならない。目撃者がいれば事情を聞くことになる。こうしたことを丁寧に行わなければ、親族に対して十分な説明ができないからである。

以下にご紹介する事例は、いずれも知的障害者施設内で起こった大きな事故や事件である。本人が死亡に至った事故、介護を要するほどの後遺障害を被った事故、原因が不明な事件もあった。入所施設で勤務しておられる職員の皆様には、ぜひ参考にしていただき、今後の事故防止に役立ててほしい。

階段で足を踏み外したか？　頸椎を損傷して四肢麻痺に

2002年3月18日、(からまつ園の) 利用者が毎年楽しみにしているログホテル・ラーチのコテージ一泊旅行に真鍋さんも希望し参加した。16時少し前に宿舎に到着後、真鍋さんは階下の寝室に自分の荷物を置くために階段を下りていた。しかし、途中で段差を踏み外したものか、あるは滑ったものなのか推測の域を得ないが、「前のめり」の状態で7段先の踊り場に落下し、前頭部を強打するとともに、その反動で後首の頸椎（3～7番）が反り返る状態で圧迫され、脊髄の機能に著しい損傷を来す大怪我を負った。診断名は頸椎損傷による四肢麻痺であった。

想像を絶する状態に愕然

私は、事故後直ちに病院に駆けつけた。意識はしっかりしているものの、首にはコルセットが装着され、四肢は全く動かない状態で痛々しい姿を目の当たりにした。医師の話では、おそらく元の状態には戻らないであろうとのこと。その説明を聞き、私は愕然とし、一瞬「どうしよう」との思いに苛《さいな》まれた。事故前まであんなに元気だった真鍋さん、職員の仕事にも積極的に手を貸してくれた真鍋さん、まさか歩行が全くできなくなり、自分の手で食事さえもできなくなることは想像を絶することであった。

翌日、実姉が遠方より来院したので、私は事故の状況を詳細に説明した。実姉は、本人の不注意による過失事故であるから園長の責任はないと言ってくれたが、病床の弟の姿に涙していたことは忘れることができない。

その後、数回真鍋さんを見舞ったが症状には変化がなく、4月8日に実姉とともに主治医から手術の是非について説明を受けた。事故後3週間が経過したが症状に変化がなく、このままの状態では四肢の筋肉も硬縮してしまうので、少しでも良くなる可能性を期待して手術をしてはとのアプローチであった。

実姉は、現在の症状がリハビリで機能回復するのであれば手術はしたくないが、手術によって歩行ができなくても立位や食事が自力でできるのであれば行いたいし、本人も望んでいることを医師に話した。しかし、医師からは確実にそうなることは約束できないし、手術をしてみないと分からないと説明され、実姉も大変困惑している様子であった。私は実姉に、わずかでも回復の可能性があるのなら手術に踏み切ってはとアドバイスを行い、実姉も手術に了解をした。

４月10日に手術が行われた。手術の内容は、頸椎を圧迫している頸椎の３番から７番をそれぞれ首後より縦に切り割り、切り開いた部位に人工骨や本人の別部位の骨を移植し頸椎の圧迫を緩和させるものであった。手術は４時間を超すものであったが成功し、後は回復の経過観察が必要とされた。

私は手術の翌日、真鍋さんを見舞った。発熱もなく食欲も旺盛とのことで安心したとともに、両下肢を意識的に動かす状況も見受けられたが、不確かであった。

実姉は私と会う度に、退院後も「からまつ園」での入所を継続したいと強く訴えた。私は、この話を聞くと大変辛いものがあったが、実姉には今の段階では兎にも角にも回復を期待したいと伝えていた。数カ月後には状況に応じた決断をしなければならない時期が来ると思っているし、また、奇跡が起こることをも祈った。

事故の反省点を洗い出す

さて、今回の事故を振り返ってみたい。

ラーチ宿泊の行事実施にあたっては、特段危険な場所ではなく、利用者が毎年楽しみにしている行事として、職員側も従前の取り組みを参考にして綿密な計画を立てグルーピングを行った。私は、今後とも利用者が希望するのであれば、細心の注意を払いながら継続していきたいと考えている。しかし、今回の事故の教訓として幾つかの反省点もある。

第一は、利用者のグルーピングと職員の配置である。ホテル等で事故が発生する可能性の高いのは、階段の移動や入浴中である。従って、おおむね60歳を過ぎた利用者や不安要素のある方には特別の配慮が必要であったことである。61歳の真鍋さんは視力、聴力が低下していて、足腰も健常者の60歳と比較した場合に老化傾向が見られたものの、真鍋さんなら大丈夫であるとの職員側の過大評価があったのではないだろうか。

第二は、宿舎に到着直後のミーティングが行われていなかったことがあげられる。特にラーチのコテージは居間や階段、寝室等がフローリングであることから滑りやすい状況にあった。従って、利用者には裸足になる等の事故回避の注意事項のミーティングが必要であったと思われる。

第三は、事故発生をラーチの事務室に知らせていなかったことである。緊急の事態に、職員は病院に搬送することを第一義に対応したことは適切であったが、後刻に報告すべきであったと思われる。これは私の判断ミスでもあったが、ホテル側でも現地を確認し、今後の事故防止やホテル職員の対応に役立つものであろう。

第四は、一泊旅行でありながらも傷害保険に加入していなかったことである。従前に行われてきた道内旅行の場合には必ず保険に入り、万一の事故に対する担保として対応してきた。しかし、今回のラーチ宿泊は南富良野町内であったことや、これまで事故が発生していなかったことなどから、保険加入という側面が抜けていたことである。私自身、責任者として十分に反省をしなければならない。施設が加入している賠償責任保険は、一泊旅行で発生した怪我等が対象とならないことを後日知った。全く施設長としてお粗末である。

今後、真鍋さんの後遺障害の程度がどのようになるかは未知数であるが、施設としても誠意ある対応をしなければならないと思っている。

今回の真鍋さんの事故は、結果的に防げなかったものかも知れない。しかし、重度の後遺障害を残す怪我を負わせた施設側の道義的責任は免れないし、今後の事故回避の予防策を講じなければならないことは言うまでもない。

本年に入って大きな事故としては川口さんの火傷事故があり、今回の真鍋さんの事故で2度目である。事故はいつ、どのようなことが原因で起こるかは予測不可能であるが、117名の利用者の命と健康を守るのが私たち職員の務めであることを決して忘れてはならない。真鍋さんの可能な限りの回復と、願わくは「奇跡」が起こることを祈る毎日である。

（園長所感　第16号　2002年4月15日）

羊羹を丸のみして喉をつまらせ、意識不明に

第22回からまつ園とこざくら園の合同園祭が無事終了した2002年11月10日午後3時

５分頃、木村さんは園祭で購入してきた「羊羹」を棒状のまま西棟の居室で頬張り、喉をつまらせて苦しみながら居室から廊下に出て助けを求めた。他の利用者の知らせで職員らが駆けつけたときには、顔面が蒼白だった。直ちに口の中の羊羹をかき出し、さらに電気掃除機で異物の吸引の措置を取り、併せて救急車を要請した。救急隊到着後に直ちに酸素吸入及び心臓マッサージの処置等を行ったが、すでに唇や手の指先等にチアノーゼが現れていた。

その後、幾寅診療所に急搬し、二人の医師が気道確保の処置を取ったが、気管に多量の羊羹が詰まっていて時間を要した。間もなくして気道が確保され、手の指先のチアノーゼも消えていった。そして、医師たちがその他の必要な処置を図り、古川医師が救急車に同乗し富良野協会病院に搬送された。到着後、直ちに病室に運ばれ必要な処置と人工呼吸器等が装着されたが、木村さんは依然として意識不明の昏睡状態にあった。

その後、医師に事故直後の状況を聞かれ、田中支援員が対応したが、医師はおおむね呼吸ができなかった時間を10分程度とした場合でも、脳が無酸素状態になり、一種の脳死に近い状況になるので、今夜はさらに重篤の状態になる可能性もあるとのことであった。診断名は、窒息による低酸素性脳症であった。

一方、事故直後、風連町（現名寄市）に住む保護者である実弟に、電話でこれまでの経過を報告し、来院を願った。当日の22時、実弟が病院に到着し、改めて園長から詳細に経過が説明された。実弟も一定度理解をされ、当夜は付き添いをしていただくことになった。そして、翌朝8時過ぎに担当医から実弟と施設長に病状が詳細に説明された。その後、実弟は71歳の高齢でもあることから、今後の対応を施設側に全面的に任せ、病状に何らかの変化があれば直ちに知らせることで風連町に戻られた。

状況説明で涙ぐんだ理由

事故の翌朝、私は朝礼で利用者全員の皆さんに木村さんの事故の状況を伝えるとともに、食事や菓子類を急いで食べたり、一度に多量に口に頬張ることはしないように注意を与えた。話している最中に涙ぐんでしまった。それを見て、職員も利用者も変に思ったことであろう。

私は木村さんの病状はもちろん心配であったが、そのことに涙したわけではない。むしろ利用者が、自分が好きな「菓子類」を隠し持っていなければ、自由に食べることができないという悲しい現実と、多量に購入した菓子類であれば、健康上の理由等で施設が一旦預からなければならない実態に思わず涙ぐんでしまったのである。致し方ないという側面はあるが、切ない話である。

木村さんの園祭に同伴した小山支援員によると、帰園後、購入したものを確認しようと彼に話しかけたところ、本人は「羊羹は園祭最中に全部食べてしまった」と話していたという。その時に買ってきた羊羹を見せてもらい、職員が切ってあげて食べていれば、こんな事故にはつながらなかったと思う。残念で仕方がない。

私たち職員は仕事中を除いて、ある意味では好きな時間に好きな食物や飲物を自由に飲食できる。しかし、「からまつ園」の利用者の場合は、行事や旅行等の時以外は、自分で買ってきた菓子類も、通常週３回に分けて決まった時間に食べることになっている。飲物も入浴後と決まっており同様である。

このような体制をとっているのは、利用者の健康上のことや、自由にすると買ってきた物を一挙に食べてしまう恐れがあることや、食物が原因で利用者同士のトラブルになってしまうことなどを配慮したうえのことであるが、私は園長として責任を感じている。

ホスピタリズムが裏目に

　こうした体制は、ある意味では長年かけて築き上げてきた施設側の「知恵」なのかも知れない。だから、現状ではこれを全面的に否定するつもりはない。利用者もこのような習慣を納得してはいないと思われるが、施設の決まりとして定着している。一種のホスピタリズム（施設病）である。

　昔、食物が十分でなかった時代、養護施設などでは菓子類が出ると、我先に自分のものを確保し、絶対他人に取られないような行動が見られたという話を聞いたことがある。当施設でも、他の施設での生活が長かった人や、「食うや食わず」の貧しい生活歴のあった人は、バイキング食の時など食べ切れないほど皿に盛り、似たような行動をする姿を目にする。これも一種のホスピタリズムである。

　今回の木村さんの事故は残念で仕方がない。保護者である実弟も「兄の不注意によるもの」と言ってくれており、この事故が大きな問題になる可能性はないものと確信している。しかし、私たち職員は、この事故の背景にある「利用者の食物に対する思い」を知らされたのではないだろうか。決して一過性の事故として風化させてはならないし、「隠し持つ」ことのないよう信頼をさらに深め、二度とこのような事故を発生させてはならない。当施設には高齢の方が多い。もうじきお正月、お餅を出すか否かの課題が残るであろう。

事故後4日が経過した。生命の危険な状態は脱したようであり、人工呼吸器も明日はずされるという。しかし、まだ覚醒はしていない。私は、祈るような気持ちの毎日である。

木村さんの意識よ、蘇れ。


（園長所感　第24号　2002年11月14日）

原因不明の嘔吐で急死

本年（2007年）5月2日に、太陽の園第一青葉A棟に入所中の宮本さんが嘔吐物を気管に詰まらせて窒息死した。

この事故から2カ月以上たった7月20日、私は伊達警察署から来署を求められ出頭した。警察署に赴くと、すでに死亡された宮本さんのお父さんも来署されており、二人が着席後に担当刑事課長さんから次のとおり申し渡された。

「本年5月2日に発生した利用者死亡事故については、本日を以て捜査を終結する。また、同死亡事故については業務上過失致死罪には該当せず立件はしないこととする」そして、この申し渡しに対して刑事課長さんより、私とお父さんの双方に対して異存の有無を問われた。私は、当然立件されないことを強く願っていたので「異存はありません」と応えたが、実を言うと、心の中でお父さんが、どのような言葉を発するのか緊張して聞いていた。しばらくして、お父さんは少し考え込むような表情であったが、「異存はありません。大変お世話になりました」と、涙ぐんで話された。私は沈痛な思いで聞き、そして、心からお父さんに感謝を申し上げたい気持ちでいっぱいだった。

業務上過失致死罪が適用されなかった理由

その後、刑事課長さんから結論に至った補足説明があった。

その一つは、宮本さんの死因は結果的に不明とされたが、「水中毒」によるショック死または嘔吐物が気管を閉塞した窒息死の可能性が高いものと推定される。福祉施設職員は医学的な知識に乏しい側面はあるが、長期にわたって多飲水の状況が頻繁であった行動に対しては、専門医に診察を受けるべきであったと思われる。また、家族も我が子のそのような状況を知っていたこともあり、施設側だけに任せるのではなく、互いに協力して対応すべきであったと思われる。従って、双方が今回の死亡に対して責任を感じていただきたい。

第二は、業務上過失致死罪が適用されなかった最大の理由は、事故発生直後の職員による救命措置が適切に行われていたことがあげられる。つまり、単に救急車を要請するに止まらず、救急車到着までの心臓マッサージやＡＥＤの使用等が行われ、「命」を救おうとする対応と努力が行われていた。また、死亡した宮本さんに対しても、職員が夜中にもかかわらず親身になって介抱し続けていたなど、人間としてのあるべき対応をしていたことが理由となった。

第三は、警察においても捜査段階で自閉症と行動障害について、関係機関からの意見聴取及び資料の提出をいただいた。この種の障害は、障害者の中でも最も支援の困難性があることを知った。だからと言って、今回の事故を是認するものではない。しかしながら、治療機関が極めて少なく、その多くは知的障害者施設に入所している実態も知った。今後は、施設現場から、この種の障害の支援の困難性を国や北海道に対して施策の充実が図られるよう訴えていってほしい。

第四は、死亡した宮本さんの命日には、施設側としても関係職員が「手を合わせ」ご冥福を祈っていただきたい。また、今後の百カ日法要や一周忌法要にもできるだけのことをしてほしい。

私は、この4点の補足事項を重々しく聞いてきた。当施設には、第一の「水中毒」の可能性のある利用者が数人いると聞いている。ぜひ定期的にご家族とも相談をしながら医療機関による「胃の拡張状況」を見極め、日頃の体調の変化に目配りをしていただきたいと思う。

適切な救命措置の重要性

また、第二の救命措置についてであるが、私たちの職場においては必要不可欠な行為と言える。当施設では毎年2回にわたり「普通救命講習」を実施しているので、ぜひ多くの職員が技法を習得し、いざという時に力を発揮していただきたいと思う。

先日、北九州市の保育園で園児を公園で遊ばせた後の人数確認を怠ったことにより車の中に男児が3時間以上も放置され、発見後も救命の対応が遅れ、熱中症と見られる症状で死亡した事故があった。現在、警察が業務上過失致死の疑いで関係者から事情を聴取している状況と報道されている。つまり、救命措置が適切に行われたか否かが「業務上過失致死」を判断する重要なポイントであり、救急車が到着する前の救命行為が極めて大切なことである。いざという場合、人はあわててしまう。でも、救命技法を会得していたならば、それなりの対応は可能であると私は思っている。また、一度講習を受けたから良いのではなく、繰り返して学ぶことが必要である。

現在の普通救命講習の期限は2年と言われている。私も昨年受講したが、2年後には再講習を受けるつもりである。現場の部課長は、全員の職員が必ず講習を受けるよう指示をしていただきたい。

さて、事故が発生して約3カ月が経過した。おそらく、関係した職員は生涯忘れることができない事故だと思う。私たちは亡くなった宮本さんから様々な教訓をいただき、真摯に反省すべき点は反省し是正をした。また、適切なる予防措置も講じた。近々、北海道の特別査察が行われる予定である。利用者一人ひとりの「命」と「健康」を守るという私たちの理念を忘れることなく、業務に精励していただきたいと切に期待している。

過日、当事業団の鎌田理事長が伊達警察署を訪問し、改めて今回の事故に対するお詫びと捜査のお礼を申し上げたそうである。理事長が警察署に対応することは、これまでの事業団では異例のことであるが、理事長も心を痛めていたのだと思う。以前にも言ったが、私たちは理事長の命を受けて業務を遂行している。組織の中で働く者にとって、事業団や太陽の園の「組織を守る」、「トップを守る」のは当然のことであるが、特に総合施設長や部課長はトップのブレーン（頭脳集団）に徹することが必要である。従って、日常業務を淡々とこなすだけではなく、常に大所、高所に立ち課題に対する提言を行う姿勢が大切なのである。

また、批判をすることは誰でもできるが、課題に立ち向かう勇気と努力と知恵があってこそ部課長の存在意義があるものと私は思っている。ぜひ危機管理と職員育成の意識を持ち、利用者に安全と安心が約束できる施設づくりを目指していただきたい。

（総合施設長所感　第15号　2007年8月1日）

てんかんの重積発作が原因で心肺停止に

2007年11月4日（日）午前7時35分、（太陽の園）寮担当職員は、いつもの日課どおり朝食の準備ができたので、須藤さんの居室に赴き「須藤さん、ご飯だよ！」と声かけようと入り口の戸を開けると、窓際に「うつ伏せ状態」で倒れているのを発見した。顔が紅潮気味で意識はなかった。呼吸はわずかながらあったよう思えると後刻証言しているが不明である。

同職員は直ちに須藤さんを他の職員とともに、その場で仰向けに寝かせ、気道を確保した上で「マウス・トゥ・マウス」で息を吹き込むとともに、心臓マッサージを行った。また、他の職員がＡＥＤを職員室より持ち込み、手順どおり操作したが電気ショックによる心臓の作動はなかった。このことから、須藤さんは心停止の状態であったものと推定される。

心肺蘇生措置を施すも回復せず

職員はさらに心臓マッサージを続けるとともに救急車を要請した。午前7時50分、救急車が到着し、救命措置が行われるとともに伊達赤十字病院に搬送。午前8時8分に病院に到着。直ちに医師二人による心肺蘇生措置が約30分間行われた。

医師より「運ばれた時にはすでに心停止の状態で、蘇生措置を施しましたが回復せず、大変お気の毒ですが病院に運ばれた時刻を死亡推定時間とします。死因は、てんかんの重積発作による心肺停止と思われます。ご家族がいないので伊達警察署に届け出をします」

と告げられた。

その後、病院内で警察の検死が行われ、遺体は警察署に搬送されるとともに、第一発見者の職員が事情聴取を受けた。一方、施設においては午前9時過ぎより現場検証が行われ、前日からの宿直勤務職員及び総合施設長並びに診療所長等への事情聴取、そして、支援業務日誌、個別支援記録、須藤さんの「てんかん発作記録」、医療カルテ、職員勤務表、寮担当職員の名簿、職員の組織表、当該学園の図面等のコピーの提出が求められ、午前10時45分頃に現場検証等が終了した。

医師、家族、警察で見解が分かれる

午前11時15分、須藤さんのご両親が警察署に到着し、ご遺体と対面した。その後に、これまでの警察捜査の説明を受け、ご両親からは須藤さんの幼少の頃から現在までの状況、「てんかん発作」が頻回であったことなどを警察に話されたようで、最終的には「てんかんの重積発作」が原因で死亡したことを受け入れたようであった。

午後1時15分、刑事課長さんより総合施設長に対して、道警本部とも協議した結果、病死と判断し事件性はないことを告げられた。ただ、病院に搬送された後に、身体内部等のレントゲン写真を撮ってほしかったと言われたが、私は次のことを課長さんに話した。「病院から聞いた話によると、病院に搬送された時点で心肺が停止している場合は、病院の責任等の問題から基本的には受け入れないことが原則であるが、現実的にはご家族の心情から心肺蘇生措置等が行われ、回復しない場合や不審死など以外は、それ以上の措置を講じないのが一般的なのでは……？」と申し上げた。

課長さんは、「確かにその問題はあるが、ただ、一人の人間の死亡は大変重いものであり、特に支援上で発生した利用者の死亡は施設側としても、その死因をあらゆる角度から推定する必要があるのではないか……」という意味合いのことを話された。

私は、それ以上反論はしなかったが、警察の言うことも一理あると思う。ただ、救命措置をした医師の見解、あるいはご家族の見解、もし変死等ならば警察の見解等複雑な要素が含まれていると思う。

５月に発生した事故の時にも申し上げたが、事故発生の場合は直後に職員がどのような救命措置を行ったが焦点となる。今回の職員の対応は、まさに救命措置のマニュアルどおりであり万全であったと思う。私も支援現場で勤務していた時、「朝、居室で利用者が死亡していたらどうしよう」などと常に心配していたものである。それが現実に発生し、今後も起こり得ることと思われる。私は事業所として職員に対する「普通救命講習」を継続実施していきたいと考えている。

最後に、今回の須藤さんの急死に際しては葬儀等を終えるまで、ご両親に誠意をもって対応した。ご両親からも、長い間、お世話になりましたとの謝辞もあった。今は、ただ須藤さんのご冥福をお祈り申し上げます。

（総合施設長所感　第27号　２００７年11月７日）

※参考　ホームページ「てんかん」、ウィキペディア「てんかん発作」

突然行方不明になり、未だ発見に至らず

２００８年２月11日（月・祝日）午前８時40分、太陽の園ひまわり学園男子寮の坂上君（15歳）が行方不明であることが判明した。当日は、２月にしては比較的気温が高い日であったが、真冬の厳しい季節であることは言うまでもない。

本日で25日目を迎えた。しかし、懸命な捜索を続けているが、まだ発見保護されていない。また、事故当日の午前９時頃に南稀府《みなみまれっぷ》の採石場付近で見かけた以外の確度の高い情報

もなく極めて深刻な状況にある。総合施設長として、ご両親には深いご心痛をおかけしていることに対して心よりお詫びを申し上げるものである。

事故発生後、直ちに当日の勤務職員等4名が捜索マニュアルに基づき、園内外を約2時間にわたり捜索（第1次捜索）したが発見保護できず。午前10時40分に勤務職員から担当指導課長に報告され、その後、指導課長から担当部長、伊達警察署、保護者、児童相談所、総合施設長に連絡し、併せて全所属の部長、課長、主査、20名を招集し、午前11時40分、第二次捜索体制に入り、園内及び園内周辺、市内全域、近隣市町村等の捜索にあたった。しかし依然として発見できず、午後2時には全職員に連絡し40名体制で、さらに捜索範囲を拡大し第3次捜索体制に入った。

少年はなぜ学園を飛び出したのか

坂上君は、なぜ学園を飛び出したのだろうか。当日の朝は祝日であったために午前7時に職員は起床の声がけをして、その後7時30分に体重測定が行われ、7時40分には寮内で、8時前後に寮内トイレに入るところなど二度職員が本人を確認している。その表情は普段と変わらず特別な様子は見られず、また、他の利用者とのトラブルもなかったし、職員が何かを本人に注意したこともなかった。

ただ、一つだけ思い当たることがあるとするならば、前日（10日）の出来事であった。それは、前日の午前9時30分頃、「朝食を食べたくない」と寮外の職員トイレに隠れる行動があり、職員は飛び出しを懸念して坂上君の靴箱より冬靴を乾燥室に保管した。そして、午前11時頃、島田支援員に「外出したい。どこかに行きたい。連れて行ってほしい」、「伊達や室蘭じゃ、つまらないから苫小牧へ行きたい」と本人より訴えがあった。

島田支援員は、「今日は外出できない。苫小牧に行くのなら両親にも連絡しなければならない」と話をするが、落ち着かなくて外へ出そうな様子なので、本人を私用車に乗せ園内を一周し気分転換を図った。だが、依然として落ち着く様子は見られず、自分の靴箱に冬靴を取りに行ったが、前述のとおり職員が別の場所に保管していたために、本人は自室より紺色の夏靴を持って来て、職員に暗に「これで外出する」ことを示す気配があったようである。

そして、午前11時45分頃、島田支援員が本人とともに両親に電話するために学園職員室に向かい、島田支援員より母親に「本人が苫小牧に行きたいと言っている。本人には両親の了解が必要と説明しているが落ち着かない状態である」と伝えた。その後、電話を本人と替わった。本人は母親に「職員は行っても良いと言っているから、帰りは苫小牧まで迎えに来てほしい」と話していたことから、すでに職員が苫小牧に連れて行ってくれるものと思い込んでいるようであった。

さらに、本人と父親との電話になり、本人は母親に話した同内容を父親に伝えたが、父親から「今日は苫小牧には行けない」と言われた。その後、島田支援員は父親の意向を本人に伝え説得したが、本人は納得せず「苫小牧に行ってきます」と、島田支援員に向かって何回も連呼しながら、最後に「じゃあね」と言いながら、紺色の夏靴をはいて学園を飛び出して行った。

島田支援員は、止めてもなかなか聞き入れないために、本人の後方50メートルから私用車で追ったが、一度も振り返ることなく北海道道上長和萩原線を国道37号線に向かい、さらに、同国道を室蘭方面に向かって早いペースで走った。島田職員は途中の交差点など危険箇所で再三にわたり乗車するよう説得したが立ち止まることなく黄金地区まで行ってしまった。その後、島田職員はこれ以上の放置は危険が伴うと判断して本人を自動車に乗せ、午後１時45分に学園に戻り、当日の勤務者に、再び飛び出しの可能性があることを伝え引き継ぎを終えた。

その後、当日勤務の田中支援員は再度の飛び出しの懸念から、本人を注意して観察をするとともに一緒に入浴したり、夕食後も一緒にテレビゲームをするなど心を和ませる対応をとった。午後9時の就寝時間まで、本人からは一度も苫小牧へ行きたいとの会話はなかったが、一度だけ「タクさん（黄金地区で連れ戻した職員）とボクのどちらが悪いの……？」と、昼間のことを気にしている様子であった。そして、午後9時30分に職員は本人が寝入っているのを確認し翌朝を迎えている。

少し長くなったが、これが前日の出来事である。もし、飛び出しの要因が「苫小牧に行きたい」ということならば、親や職員の言葉が十分本人の気持ちの中で整理できていなかったのではないかと思われる。

発見を信じて「諦めない」「投げ出さない」

では、なぜ苫小牧なのかという疑問になるが、後日、お母様に聞くと以前に買い物を兼ねて苫小牧に連れて行った際、ゲームセンターで遊んだことがあるとのことで、その記憶が本人に強く残っていたのだろうと推測される。しかし、お母様によると、本人は苫小牧と言っても、それほど「土地勘」があるわけではないと話されていたことが印象的であった。ただ、彼は毎日のバスによる通学で室蘭方面は十分知っていると思われ、また、自宅より帰園の際にはご家族が国道を利用していることから道路標識も認識できるものと思われる。

職員の皆様をはじめ、行方不明時から本日まで25日間にわたり、捜索にあたってくださった方は延人数９１３名と膨大で、大変なご苦労をおかけしている。心から感謝を申し上げたい。また、室蘭養護学校をはじめ多くの関係機関の皆様にも多大なご協力をいただき心からお礼を申し上げます。

さらに報道関係機関においても、新聞、ラジオ、テレビで大きく情報提供が呼びかけられ、各関係機関等のホームページにも掲載された。これほど長期間にわたって大きく報じられたのは太陽の園の歴史上初めてのことであると言っても過言ではない。

すでにご案内のとおり、来る3月9日（日）には、伊達警察署や伊達消防署、地元消防団、関係機関の皆様のご協力を得て大がかりな捜索が予定されており、今日現在、当施設職員を含め総勢３００名を超える人たちが心配して駆けつけてくれる。本当に有り難いことである。職員の皆様にも、再びの大捜索で大変ご苦労をかけますが、よろしくお願い申し上げたい。
　最後に、坂上君のご両親は行方不明日から本日まで絶え間なく捜索を続けており、お父様は仕事を休んで捜しておられる。本当に頭の下がる思いでいっぱいである。きっと、これからも続けられることと思うが、当施設の責任者として、当面3月末までを一応の目途としているが、果たして、その後の対応をどこまで行うべきかの判断に「迷い」と「戸惑い」を感じている現在である。ただ、「諦めない」「投げ出さない」ことは言うまでもないことである。

（総合施設長所感　第41号　２００8年3月6日）

第2章　あってはならない職員の事件

新聞やテレビで、施設職員が入所している高齢者や障害者を虐待した事件のニュースを目にするたびに、同じ仕事をしてきた私は大きな憤りを感じてならない。福祉施設に勤務している皆さんも、きっと私と同じ気持ちであると思うが、一部の心無い職員が起こした事件だと言い切れるだろうか。同じ福祉の仕事を志した仲間が起こした事件である。だから、皆さんと一緒に考えたいと思う。

そこで、私は皆さんに次のことを問いたいと思う。それは、今から42年前の１９８１年に、国連が「国際障害者年」と定め、ノーマライゼーションの理念が世界中に広まった。そして、２００８年、国連の「障害者権利条約」が発効し、日本も２０１４年に条約を批准した。

皆さんは、この理念や条約をご存じだろうか。学校や研修会で学んだことと思うが、

「人は、それぞれ違って当たり前、互いの個性や多様性を認め合おう！」と、当時、福祉に従事する人たちは熱く語り約束したのである。大切なのは日常業務の中で、どのように実践しているかである。決して、理念や標語で終わらせてはならない。

権利擁護については第5章で詳しく述べるが、虐待を受けた利用者の深い悲しみや家族の怒りを、ぜひ自分の立場に置き換えて考えてほしい。そして、虐待の場面を見たり、虐待と感じたら、「見て見ないふり」をしないで勇気を出して声をあげ、施設全体の問題として取り上げることを切に願っている。虐待が発生する要因の中には「職場環境の風通しが悪い」ことがあげられていることを忘れないでいただきたい。

利用者の小遣い着服の記事を読んで

埼玉県越谷市の知的障害者施設で、利用者の小遣いを指導員が着服し、7月末付でその指導員が懲戒解雇されていたことが8月4日に明らかになった。

事件の内容はこうである。この指導員はケアを担当している利用者12名の、お菓子などを買うための小遣いから、1996年から今年（2000年）の春まで、約130回にわたり約22万３０００円を着服していたのである。

施設側では、小遣金は利用者個々の財布に入れて施設内の金庫に保管しており、お金の出し入れや出納帳の記入などはケアを担当する職員に任されていたが、この指導員は私用で購入した弁当や雑誌、カーワックスなどの領収書を利用者の出納帳に添付して、利用者が購入したように見せかけていたようである。また、この指導員は保護者から預かったお金も入金せず着服していたようである。

私は、この記事を読んで当施設の小遣いの管理はどうなっているのだろうかと思ったが、その方法はこの事件のあった施設と全く同様であり、毎月一定額の小遣いを預金から引き出し、個別の財布に入れ金庫に保管している。そして、外食や買い物の際には、個別の財布を本人または職員が所持し、帰園後に領収書やレシートを証拠書として貼付するとともに小遣帳に記載している。

一人の職員の不祥事が管理強化に

こうした状況にあることから、事件のあった施設と同様に、職員個人が飲食する缶ジュース１本、スナック菓子１袋、雑誌１冊等を利用者が購入したこととして処理するのは、いとも簡単なことであり上司が後日に小遣帳を見てもおそらくわからないであろう。

この施設では、事件後に小遣金の出し入れは課長職以上が立ち会うなど防止対策を講じているようであるが、利用者にもきっと一定度の高額品の購入制限が課され、自由に自分の小遣いを使えない状況も出ているのではないかと推測する。つまり、一人の職員の不祥事が管理強化につながり、利用者全体の権利や意思の尊重が侵害されるのである。

私は、こうした不祥事は「からまつ園」にあっては絶対にないものと確信している。仮に、利用者が職員に「ご馳走するから」と言ったとしても、誤解を招くので謹んでほしい。

この事件が表面化したのは、きっと利用者あるいは職員の内部告発であろう。私は、このような職員が施設に勤務していることによって、福祉施設職員が専門職として認められない社会の厳しい目があるのではないかと思う。からまつ園では、ぜひ正義感と使命感の強い職員として仕事をしてほしい。


（園長所感　第5号　2000年9月25日）

利用者の負担金、預貯金着服事件、寄付の強要問題を考える

残念なことだが、私たちと同じ社会福祉事業に従事する札幌市の特養施設職員が、利用者から集めた負担金の一部を４カ月にわたって約１５００万円を着服した事件（２００７年11月14日）、そして、その翌日に今度は、利尻富士町の特養施設職員が利用者の預貯金を１２００万円着服した事件が新聞に報道された（２００７年11月16日）。

また、２００７年9月23日の新聞には、札幌市の知的障害者施設「札幌育成園」で、入所者の障害基礎年金の寄付を強要し、法人の借入金の返済などに充てていた問題で、元入所者の男性が法人理事長を告訴した記事が掲載された。

安全や安心、そして利用者との信頼関係が強く求められる福祉施設であるのに、なぜこうした事件が起こるのであろうか。一人の職員が一手に金銭を取り扱う管理体制にも問題はあるが、職業人としての倫理観に欠けているのだと思う。

従って、事件が表面化すると、一般社会の目は厳しく、福祉施設全体に不信感を抱き、監督官庁の監査や指導も当然厳しくならざるを得ない状況となろう。また、当施設で福祉サービスを受けている利用者の家族も、「太陽の園」は本当に大丈夫だろうかとの心配をするであろう。各所属には、ご家族からこれに類する問い合わせはなかっただろうか。

着服前に家族に相談できなかったか

第一の札幌の事件の着服手口は、実際に支払った利用者負担金をまだ支払っていないかのように未収金に計上したものであるが、他の未収金とともに多額であったために発覚したのである。私からすれば、たとえ年度途中で発覚しなくとも、決算期では「バレル」はずなのに、どうして？　なぜ？　という疑問がぬぐい切れない。

この職員は、友人の借金（１０００万円）の連帯保証人になったが、友人が行方不明になり、金融機関の取り立てが厳しくなったために着服を思い立ったようである。金の工面に困っている時に、目の前に自分が自由に操作できる他人の金がある場合、一時借用したいという「悪魔のささやき」に惑わされていく人間の「もろさ」「弱さ」「悲しさ」「はかなさ」を感じないではいられない。結果的に、この職員の家族が全額弁済したようであるが、なぜ着服する前に家族に相談できなかったのかが悔やまれる。

無断引き出しを知りながら町は黙認

第二の利尻富士町の事件は、生活相談係長が施設に入所している認知症などの30人のお年寄りから預かっていた預金通帳から、３年間にわたり１２８０万円を無断で引き出し遊興費に使い、懲戒免職の処分を受けた。だが、施設を設置している町は事実を知りながら約８カ月間、この係長を通常どおり勤務させていたという事実が判明した。全く考えられない驚くべき感覚である。そして、着服した金を家族が全額弁済したことや、公金ではなく利用者の金であったことから刑事告訴しない方針であるとのこと。

でも、30人の被害者やその家族はどう考えているのだろうか。金が戻ったから良い、公金ではなく私的財産の侵害だから告訴しないというのは常識的感覚からすれば信じられないことである。おそらく、職員はすでに懲戒免職となり社会的制裁を受けているとの認識なのだろう。しかし、果たしてこれで良いのかは疑問の残るところである。

いずれにしても、この二つの事件を起こした職員は、一生「負い目」を背負って生きていかなければならないであろう。

当施設職員の業務も直接または間接的に、その金額の多寡は別として利用者の金銭の取り扱いに関わることが多いが、「まかり間違っても」、このようなことはないと信じている。利用者の財産や公金の取り扱いに関しては、慎重にも慎重を期して取り扱っていただきたい。お金に関するトラブルほど嫌なものはないが、皆さんもきっと同じ気持ちであると思う。

利用者への寄付の強要

第三の札幌育成園の問題では、当初法人側は入所時に本人や家族から寄付を認める承諾書を得ており、厚生労働省が禁じる寄付行為に当たらないと主張していたが、北海道の指導で、こうした行為は「寄付の強要にあたる」と認定した。担当弁護士は、寄付強要はこの施設だけの問題ではなく障害者に対する人権侵害だとしている。

私は、こうした事件が顕在化されるまで長きに亘って平然と行われていたことに憤りを感じざるを得ない。

福祉施設利用者の財産を侵害する事件は、全国的にも今もって後を絶たない状況にある。厚生労働省も、利用者への暴力や財産侵害に対する権利擁護対策を講ずるための検討会が開かれていると聞いている。でも、どのような対策を講じたとしても、最後は職員一人ひとりの「モラル」の問題に尽きるであろう。

当施設においては、今年に入って利用者の不可抗力的な大きな事故や怪我が発生し対策を講じたところであるが、財産や人権を侵害する行為は絶対あってはならないと肝に銘じて欲しい。

（総合施設長所感　第29号　２００７年11月21日）

なぜ減らない施設職員の虐待行為！【１】

改正児童福祉法が、２００９年4月から施行された。今回の改正の目的は、近年、各地の児童養護施設で、職員の入所児童に対しての虐待行為が相次ぎ発覚し、子供の権利擁護の仕組みが求められていたためである。

改正法では、職員が入所児童に対する身体的・性的・心理的虐待、ネグレクト、子供間の加害行為の放置を「被措置児童等虐待」と定義し、これらを禁じている。

また、施設内で虐待を発見した人には、児童相談所や福祉事務所などに通告義務を課し、子供自らも、これらの機関に被害を届けられることが法律に明記された。

児童虐待防止法は２０００年に施行されていたが、その対象は主に家庭内で起こる保護者から子供への虐待を禁じたもので、施設職員の入所児童に対する虐待は含まれていなかった。それは、施設の虐待が顕在化していなかったこともあるが、施設職員の業務が性善説に立脚していた側面もあるのではないかと思う。

本来、児童養護施設は、様々な事情で親が育てられない子供を、責任をもって預かり、温かく養育する場所である。施設長には、入所児童の監護、教育、懲戒の権限が付与されているが、現実には、それが適切に行使されないで子供の人権が侵害されている事態が各地で起こっているようである。（※参考　3月30日の「福祉新聞」社説）

ケアの困難な利用者の増加

【事例】　1996年、千葉県の児童養護施設「恩寵園」の施設内虐待は、被害を受けた卒園生が、当時の園長や県に慰謝料を求めて提訴する事態に発展した。卒園生は、当時の職員より殴られる、蹴られる、24時間食事を提供されない、包丁で脅かされるなど数々の過酷な虐待を受け、助けを求め児童相談所に逃げ込んだが、県は直ちに保護せず、施設に改善勧告を出すまで約4年間も要した。

この裁判では、一審と二審判決とも元園長の行為を懲戒権の乱用と認め、県に養護監督権限があるとして損害賠償が命じられた。

厚生労働省は、このほかにも各地の児童養護施設で職員が入所児童の心身を傷つけるような暴行や暴言、性的関係を持つなどの問題が相次ぎ、事態を重く見て法改正に踏み切っ

郵便はがき

料金受取人払郵便

新宿局承認

2524

差出有効期間
2025年3月
31日まで
（切手不要）

1 6 0-8 7 9 1

1 4 1

東京都新宿区新宿1－10－1

(株)文芸社

愛読者カード係 行

ふりがな お名前		明治 大正 昭和 平成	年生 歳
ふりがな ご住所	□□□-□□□□		性別 男・女
お電話 番 号	（書籍ご注文の際に必要です）	ご職業	
E-mail			
ご購読雑誌（複数可）		ご購読新聞	新聞

最近読んでおもしろかった本や今後、とりあげてほしいテーマをお教えください。

ご自分の研究成果や経験、お考え等を出版してみたいというお気持ちはありますか。

ある　　ない　　内容・テーマ（　　　　　　　　　　　　）

現在完成した作品をお持ちですか。

ある　　ない　　ジャンル・原稿量（　　　　　　　　　　　　）

たものである。子供たちは施設内で虐待を受けても親元に帰ることができず、児童相談所や都道府県は最後の頼みの綱である。従って、児童養護行政における都道府県の責任は大きく、虐待の通報があった場合には、法改正に基づく適切な対応が求められる。

今回の法改正は児童福祉法であるが、現在、障害者虐待防止法の早期制定を求める動きもある。従って、私たち施設職員も、今一度、職責や職業倫理に基づき、指導や援助の名のもとに利用者の権利侵害を行っていないかを自己点検する必要がある。

しかし、一方ではケアの大変困難な利用者も増加している現実がある。それは、非行歴が著しく粗暴な利用者やパニック障害のある利用者など、職員の努力だけでは決して改善できない側面もあり、専門職員の配置や職員配置数の見直しが必要である。また、それらの対応に苦慮している職員のメンタルヘルスを配慮する施策が求められている。いずれにしても、今、施設内における利用者への虐待は、私たち福祉関係者一人ひとりに突きつけられた重要な問題と言えよう。

虐待予防の視点から独自の「倫理綱領」

以上、福祉新聞社説の一部紹介と私見を述べさせていただいたが、偶然にも時を同じくして3月30日の北海道新聞の生活欄に、北海道老人福祉施設協議会が虐待予防の視点から、独自に「倫理綱領」を策定した記事が掲載された。

同協会では、全国で施設職員が高齢者に身体拘束や暴言などの虐待が疑われるような事例が５００件近く報告され、施設の虐待問題が深刻化している状況や介護保険制度がスタートして9年目を迎え、その課題が見えてきたことから「目指すべき指針を定めよう」と、1年がかりで「倫理綱領10カ条」が策定された。綱領には「高齢者の人格尊重と尊厳の保持」や「その人らしさを支えるケア」など介護の専門家としての理念などが謳われている。

（※参考　3月30日「北海道新聞」の生活欄）

ご承知のとおり、介護保険制度が開始され、職員配置基準が3対1と改善されたが、併せて常勤換算方式となったために、職員一人が正規職員（常勤職員）であれば、残りの職員はパート換算でも良いこととなった。従って、多くのサービス提供事業者では非正規職員の雇用増加が見られ、利用者サービスの視点に立ってみれば、援助理念や専門的力量、援助技術が低下した側面もあると推測される。

ただ、非正規労働者の増加と虐待の関係は軽々に論じることはできないが、少なくとも、サービスの質や量の拡大や濃密さが求められている現在においては、高齢者一人あたりに何人の介護職員が適切なのかを検討するとともに、常勤換算方式を改めることが必要であると考える。

（施設長所感　第22号　２００９年４月28日）

なぜ減らない施設職員の虐待行為！【２】

次に、ある障害者入所施設の虐待事件をご紹介する。

この事件は、２００８年１月21日の朝日新聞夕刊で報道され、その後、大阪府による施設の特別監査によって職員の虐待行為の実態が明らかになり、厚生労働省は利用者への体罰行為が組織的かつ日常的に行われていた事実を重く受け止め、全国の知事や指定都市市長等に未然防止と発生後の厳正な対応について通達を出した。

「力わざは必要」という幹部職員

【事例】 大阪府内にある知的障害者更生施設「高井田苑」、１９９９年に開設され20歳代から50歳代までの重度知的障害者が50名暮らしており、20名の職員によって軽作業や生活訓練が行われていた。しかし、施設開設当初から職員による利用者への暴力行為があったらしく、２００７年11月に、関係者が利用者の「身の安全」に危機感を抱き大阪府に通報した。

虐待を主導していたのは、施設幹部ら中心的職員であり、他の利用者や職員に乱暴した障害者を拳や平手でたたくほか、蹴ることもあったとされている。また、作業を怠ると胸ぐらをつかんでどなる、すれ違いざまに気晴らし風に「邪魔」と言って頭をたたくなど、施設内では威圧的な対応が日常的で、幹部職員らは「言うことを聞かないのは、利用者になめられているからだ」と、力で利用者を従わせる必要性を説いていたようである。

さらに、「犬や猫でも、トイレのしつけをすればできるようになる」など、幹部が利用者を犬・猫にたとえてしつけの必要性を説いていたという証言が複数あった。開設当時に勤務していた職員によると、利用者に罰として角材を足に挟んで正座させるなどがあったと証言し、また、「変だ」「おかしい」と思っている職員も少なからずいたが、上層部の

「力わざは必要」という理屈に施設全体が流れがちであったそうだ。

施設長は新聞社の取材に対して、暴力は否定した上で「対等では利用者に言うことを聞いてもらえないので怖いこともしなければならない」「職員には手を出すなと言っている。ただ、暴れたら押さえつけなければならない」と話している。また、犬・猫発言については、「食事と排泄は人間の本能。そんな基本的なことすら教えていない親御さんもいる。それは、おかしいでしょう」とも語っている。

今どき、未だにこのような施設職員や施設長がいることに驚くが、職員の発言の中には、「強度行動障害者に、どう関わってよいか分からなかった」「昨日まで道路を作っていました」「トラックの運転をしていました」「新卒でしたが、ものすごく専門性を必要とする人たちに関わるのであるから、ある意味で虐待は必然的に起こるとも言えるだろう」等の意見があったようだが、皆さんはどのように思われるだろうか。

強度行動障害者への対応は専門知識と経験が必要

このような強度行動障害者の虐待については、2004年11月に福岡県の「カリタスの家」でも同様な事件が起こり、当時は大きな社会問題となった。どのような事情があろうと虐待は決してあってはならないが、この種の障害を有する人たちへの対応は、相当な専門知識と長い経験が必要であり、今後とも知的障害施設で継続支援が行われることは基本的な問題がある。なぜなら、多くの障害者の中でも、最も治療や支援が難しい分野と言われており、根本的に知的障害者への支援と違うからである。

従って、私は、医療機関が併設されている第一種自閉症児施設や第二種自閉症児施設と同様の、成人に対応する治療施設の整備が緊急に必要であると思っている。

現在、厚生労働省では強度行動障害を有する人たちの有効な支援策は必ずしも打ち出されているとは言えない。今回の自立支援法改正においては、自閉症等は障害者の範囲に含められ、課題の一つがクリアされたが、その具体的支援策においては、この種の障害者を受け入れれば「加算報酬」を出すだけであり、問題の本質は解決できていない。ぜひ専門性を求める現場の声を受け止め、然るべく国の対策を講じてほしいものである。

虐待にあたるか否か

最後に、次に示す事例が「虐待にあたるか否か」を、皆さんに考えていただければと思っている。以下は、２００７年1月専門誌「老年社会科学」の第28巻第4号に掲載された論文の内容を引用したものである。

①身体的虐待
利用者が車椅子で座っていると前のめりになって「ずり落ちて」しまうため、車椅子での移動時は転落防止のために、安全ベルトで車椅子と利用者を固定した。

②世話の放任
利用者の食事介助をしている際に、利用者の衣類に「食べこぼし」が落ちてしまい、衣類が汚れてしまったが、午後からすぐに入浴があるので、そのままの衣類で対応した。

③心理的・情緒的虐待
認知症で、同じことを何度も繰り返し訴える利用者を、いつものことだからと思い、スタッフが無視して会話をしなかった。

④性的虐待
いつも女性スタッフで、女性利用者の入浴介助を行っていたが、今日は欠勤者が多くス

タッフが少なかったので、男性のスタッフに手伝ってもらい、女性利用者の入浴介助を行った。

⑤経済的・物質的搾取

認知症の利用者から同意を得て、スタッフが一時的に金銭を借りた。

⑥セルフ・ネグレクト

利用者の髪の毛や髭が伸び放題になっているのを発見して、何度も声がけしたが、本人が拒否的で対応できなかったので、そのままにした。

以上、6事例を紹介したが、これらは老人施設特有のものではなく、私たちの職場においても十分当てはまることである。皆さんは、この事例を虐待行為と認識するだろうか。当施設においても、虐待防止委員会の活動が継続的に行われている。先日行われた同委員会では、全社協の障害者の虐待防止に関する検討委員会が作成した「職員セルフチェックリスト」（2009年3月版）を使用して職員の意識調査を実施することが確認されたようである。ぜひ調査分析をして公表していただきたいと思う。

私は、日ごろより利用者に対する虐待は、いかなる理由があろうと認めてはならないと思っている。しかし、最も多いと言われる心理的虐待の中には、私も含めて職員が「虐待と気づかない微妙な言動」で利用者の心を傷つけることもある。また、職員同士においても、虐待行為に気づきながら、見て見ぬふりをしたり、容認したりせず、職員全体の問題として話し合うことができる、風通しの良い職場環境を作りたいものである。

当リハビリセンターが、間違っても社会から非難を受けるような「職員の虐待」が行われないことを心から祈っている。

（施設長所感　第22号　２００９年４月28日）

【補足】

北海道で信じられない虐待が相次ぐ

昨年（２０２２年）と今年（２０２３年）に、北海道で信じられない事件が立て続けに２件起こった。１件は昨年12月に西興部《にしおこっぺ》村の知的障害者支援施設「清流の里」の利用者に対する虐待事件で、大きく報道された。男性職員６人が、13人の利用者を全裸で長時間放置したり、器から盆にこぼれ落ちた食物を食べさせるなど38回にわたる虐待の事実が明らかになったのである。

もう1件は、2023年8月に、根室管内別海町にある知的障害者入所施設「柏《かし》の実《み》学園」で男性職員が40代の男性利用者を6時間以上も2階の居室に閉じ込め、利用者が窓から外に出ようとして転落し負傷した事件である。こちらも大きく報道された。新聞には、「障害者施設、後絶たぬ虐待」と大きく見出しが躍った。この施設では、1998年と2020年にも職員による利用者への虐待事件が発生し、今回は3度目である。

これだけで終わらなかった。2023年8月25日には、恵庭市で牧場を経営していた元市会議員が、住み込みで働いていた元従業員の知的障害者3名に賃金を支払わず、受給していた障害年金5120万円も横領していた事実が判明した。指導責任のある恵庭市は、この経済的虐待の事実を把握していたにもかかわらず放置、隠蔽し、必要な調査や北海道に報告をしていなかったと報道されている。弁護団は損害賠償を求め、札幌地裁に訴訟を起こした。

私たち福祉に携わる者は、常に弱い立場にある人たちを擁護すべきであり虐待は絶対に許してはならない。また、これらの事件は、いずれも長期間にわたり行われた事実があり、他の多くの職員は知っていたはずである。なぜ、気づいた時点で声をあげなかったのだろう。報告や相談がしづらい環境であったなら施設長の責任は重い。

また、２０２２年12月に江差町の知的障害者グループホームで、結婚や同棲を希望する人たちに「生まれて来る子供は、施設では支援できない」と説明し、不妊処置を求めていた事実が発覚し全国に波紋を呼んだ。施設側は決して利用者や家族には強要していないと主張するが、13名の利用者が不妊処置を行った。しかし、利用者や家族との経過を記録した一切の文書がなく真実は不明である。なぜ、疑問に思って声を上げる職員はいなかったのだろうか。これも非常に残念なことである。ただ、この事象発生後に道内の知的障害者関係団体等が声をあげ、障害者の子育てを国や社会が支援する方策が必要だとする機運が高まったことは一歩前進と言えよう。

政府もこの事象に素早く対応した。「仮に利用者が結婚などを希望する場合、本人の意に反して不妊手術や受胎調節などを条件とすることがあれば不適切である」とのコメントを出した。時折しも、旧優生保護法下の国による強制不妊手術に対する損害賠償訴訟で、札幌高裁が憲法違反を認めたが、国は上告し謝罪もしていない。かつて、ハンセン病患者への強制収容や権利侵害に対して時の総理大臣が謝罪し解決に至った歴史をなぜに顧みないのであろう。

福祉を仕事とした初心を思い返して

福祉施設は措置制度の時代が長く続き、小さな村社会と言われ閉鎖的であった側面は否めない。しかし、時の流れとともに利用者の権利擁護が叫ばれ、開かれた施設へと変容してきた歴史がある。そして、2000年からは高齢者福祉に、2003年から障害福祉が利用契約制度に変わり、家族や利用者が施設を選べる時代となった。さらに、現在では「利用者の意思」を最大限に尊重することが福祉サービスの基本となったことを忘れてはならない。なのに、こうした事象が後を絶たない。

福祉施設の職員に伝えたい。福祉という分野を仕事に選んだのであれば、今一度、初心を思い返してもらいたい。意思疎通の難しい利用者もいることだろう。日々の仕事にストレスを感じることもあろう。待遇や上司に対する不満もあるだろう。ヒューマンエラーもあるだろう。同僚同士の人間関係の難しさもあるだろう。夜勤明けには爆睡するであろう。私も同じであった。諦めないでほしい。辞めないでほしい。

利用者は好き好んで施設で暮らしているわけではない。一人ひとり様々な深い事情がある。ぜひ利用者の心の叫びに耳を傾けてほしい。利用者の意思や権利が侵害されている場面を見た時には勇気を出して声をあげてほしい。そして、施設全体の問題として議論してほしい。それが、福祉を生業《なりわい》とする人としての務めであると私は思っている。

福祉施設の事故に対する「業務上過失致死」について考える

２００８年11月15日の北海道新聞朝刊に、私たち福祉施設関係者にとって大変衝撃的な記事が掲載された。それは、福祉施設で利用者の支援中に発生した死亡事故に対して、警察署は元施設長と元職員二人（うち一人は臨時職員）を「業務上過失致死」の疑いで書類送検したという内容であった。

この施設は、渡島管内の社会福祉法人侑愛会が経営する知的障害児施設「おしま学園」で、２００５年11月に短期入所中であった当時９歳の男児が、支援職員が目を離したわずかな時間に施設を飛び出して行方不明となり、直ちに捜索したところ、施設から約１００メートル離れた川で溺れて死亡していたという事故である。

業務上過失の捜査に３年も

本件は３年前の事故であった。つまり、３年間にわたり事故に対する「業務上過失」の是非について捜査されていたことになるが、あまりにも長い期間を要したことに驚いている。なぜ、これほど長期になったのかは知る由もないが、被害者家族の無念さや意向等を汲み取った側面もあるのではないかとも考えられる。

新聞によると、当時の職員と臨時職員は、施設内で12人の児童を保育支援していたが、約5分間、この男児をホール内に残して、他の児童を入浴させたり、布団を敷くなど別の仕事をしていた際に行方不明となったらしく、児童の監視や部屋の施錠確認などの注意義務を怠った疑いであるとされている。また、事故当時、施設長は休暇中であったが、利用者が施設外に出るのを防ぐための管理体制を怠った疑いであり、警察署は施設長が職員指導を徹底しなかった監督責任があると判断したようである。

私は、これを読んだ瞬間、全身に電流が走ったような衝撃を受けた。なぜかというと、私も昨年、前任地で生活支援中の事故で利用者二人が死亡し、業務上過失の是非について警察の取り調べを受け、約3カ月後に「業務上過失は無い」と判断された経験があったからである。

福祉施設においては、職員が利用者の支援中にも様々な仕事をこなしていかなければならないので、ちょっとした「目離し」や「隙間」が数多くある実情にあると言える。また、部屋や出入り口の施錠も、頻繁に往来していると、つい掛け忘れることもあり得る。それは、いうならば一種の「馴れから来る油断」とも言えるが、不運にも事故というのは、そのような「うっかりミス」があった時に不思議と起こるものである。

また、施設長は利用者支援に対して全責任があるので、当然ながら事故に対する管理的な責任が問われることになるが、その是非のポイントは、どの程度日頃から事故防止に対する具体的対策を講じ、職員に注意を喚起していたかである。そして、それを証明する記録などを求められることがある。ただ、「日常的に口頭で注意をしていました」では通用しないのが警察や行政機関である。

しかし、どのように注意を徹底していても、突発的に発生する事故を防ぐことはできないが、日常的な想定訓練も必要であると思っている。また、事故の大小にかかわらず、発生した場合は、ご家族には必ず連絡をしなければならない。

「業務上過失致死罪」とは？

さて、この事故に対する「業務上過失致死」の疑いによる書類送検は、今後、検察庁で関係者を「業務上過失致死罪」として起訴できるか否かの審議が行われ、起訴が相当であるとの結論になれば刑事事件として裁判になる可能性がある。そこで、この「業務上過失致死罪」とは、どのようなことなのか学習してみたい。

①まず、この「業務」というのは、一般的、日常的には「職業として継続して行われる仕事」を意味するが、「業務上過失致死罪」における「業務」とは、これとは異なり「社会生活上の地位に基づき反復継続して行う行為であって、生命身体に危険を生じ得るものをいう」とされている。法律的解釈は非常に難解だが、例えば、私的な行動で自動車事故を発生させて人が死亡した場合に、「業務上過失致死罪」が適用される場合がある。これは、自動車の運転は反復継続性があり、また、他人に危害を与える可能性があるものとされていることから、私用による運転であっても業務に当たるものである。

②もう一つの側面は、日常的に使う「業務」と、「業務上過失致死罪」の「業務」とが一致する場合である。その代表的なものは、医療過誤による業務上過失致死罪である。つまり、医師の医療行為は、医師という社会生活上の地位に基づいて継続反復して行われ

るものであり、その過誤によっては患者の生命身体に危険を生じるものだからと解説されている。

因果関係が存在するか

では、今回のような福祉施設における「業務上過失致死罪」の「業務」は、①であるのか、または②であるのかであるが、②に置き換えると「保育士の保育行為は、保育士という社会生活上の地位に基づいて継続反復して行われるもので、その過誤によっては利用者の生命身体に危険を生じるもの」と考えれば、私は②に該当すると思う。職員の皆さんはどう考えるだろうか。

また、この「業務上過失致死罪」が成立するためには、どのような構成要件が必要だろうか。それは、業務上の過失のほかに「その過失がなければ、死亡するはずがなかった」という「因果関係」が存在することが必要とされている。

今回の事故に置き換えると「保育支援中に、職員が利用者の監視を十分行っていれば死亡するはずがなかった」、または、「出入り口の施錠がしてあれば、利用者が施設の外に飛び出し死亡することはなかった」という論理である。

極めて当たり前のことであると思うだろうが、この因果関係がとても重要なことである。つまり、書類送検の理由を逆説的に考えると「十分な監視を行っていた」、または、「出入り口の施錠をしていた」にもかかわらず死亡したとなれば、その因果関係は存在しないことになる。

この因果関係については、現実的にはもっと複雑な事情や要因が関係するが、ここで前述した、私が経験した事故から「業務上過失致死」には至らなかった1件の例をご紹介しよう。

その事故は、知的障害程度の比較的軽い利用者（66歳）が「単独入浴」をしていたときに発生したものである。この施設では、客観的に見て「単独入浴」が可能と判断されている利用者の中で、本人が強く希望した場合は、その意思を尊重し、一人でゆっくりと入浴させることが慣例的に行われていた。

ところが、この事例は、湯船の中で突然心筋梗塞を起し溺死した事故であった。発見は、次の単独入浴の順番を待っていた利用者だった。知らせを受けた職員は、湯船から本人を抱き上げ、脱衣室に移動させ、上司や常勤医師に連絡するとともに救急車の要請、そして、心臓マッサージ、マウス・トゥ・マウス、ＡＥＤの使用など救急車到着まで必死に救命措置を行った。駆けつけた常勤医師は、事故直後はわずかに意識があったようだと証言していたが、救急車が病院に搬送した時には「心停止」の状態であった。

病院の医師は可能な限りの蘇生術を施したが死亡と判断し、事故関連もあると判断し警察に連絡した。また、遺体も警察署に搬送され検死が行われるとともに、私を含む関係職員への事情聴取や現場検証が長時間にわたり行われた。私が開放されたのは、ご家族が警察に到着した後の深夜であった。遺体が家族に戻されたのは翌日だったが、遺体の引き取り、ご家族への対応、当地での葬儀など大変な思いをしたことを今でも忘れることができない。

また、警察からは過去１年に遡っての本人の個別支援記録、看護・医療日誌、勤務表など数多くの資料の提出が求められるとともに、事故後も数回にわたって私も関係職員も事情聴取が行われた。

私の事情聴取では、事故防止の管理体制、職員の勤務配置数、利用者支援内容等々であったが、事故が発生した場合の施設長の責任は極めて大きいことを改めて感じさせられた。

また、併せて行政官庁から事故報告と事故再発防止対策を求められ、連日深夜まで幹部と議論して必要書類を作り上げたことを記憶している。

そして、事故から約3カ月後、私が警察に出頭を求められ、担当課長から、「今回の事故については業務上過失致死の適用はされない」との説明を受けた。理由は、次のとおりであった。

①死因は心臓の発作に起因するものであるが、発見後、直ちに心臓マッサージやAEDの使用等の救命措置が職員の連携により行われ、人の命が軽視されていなかったためである。もし救急車が到着するまで何もせず、ただ呆然としていた場合は業務上過失致死罪が適用になる可能性がある。

②ご家族もこの死因に対して特段の不審感をもっておらず、むしろ施設に対しては、これまでも大変お世話になったし、今回も誠意ある対応をしてくれたことに感謝していると言われた。

つまり、前述した因果関係において、第一には、心臓発作は病的なものであるが、その直後に救命措置がどの程度行われたかがポイントだと思われる。「救命措置をしたが死亡した」のか、「救命措置をせずに死亡した」のかが争点となる。

施設と家族との信頼関係

第二は、ご家族の事故死に対する施設側の対応に不信感や疑問を持つか否かである。最近では司法当局も被害者の観点を重視するようになり、その意向を汲み取る傾向がある。

先日の学習会でもお話をしたが、施設で事故が発生した場合におけるご家族との対応が、近年、長期化や複雑化している傾向にあるようだ。これは、日本人全体の権利意識が高まってきていることとも関連しているが、施設とご家族との開の信頼関係が希薄になっていることも原因であると言われている。統計上で見ると、利用者の入所期間が長いほど、ご家族は理解度が高く解決も早い傾向にあり、逆に入所期間の短いご家族の場合、理解が得られなくて解決に長期間を要する状況にあるようだ。

前述の入浴中に死亡した利用者も30数年間施設で暮しており、ご家族との間の信頼関係が深かっただけに、「業務上の過失」の有無も考慮された側面もあったものと思う。

私は、今回事故があった「おしま学園」の元施設長とは知的障害福祉協会の業務等を通して親しくさせていただいていた。特に障害児教育には造詣が深く、教育問題には国に対しても積極的に提言した方であった。すでに責任を取って職場を去られているが、そのご心痛を思うと同情せざるを得ない。法人としても最大限にご家族に対して誠意を示していることと思うが、せめて寛大な措置が講じられることを祈るばかりである。

道内外の施設においては、毎年数件の死傷事故が発生している。その原因の多くはヒューマンエラー（人為的ミス）と言われている。日常業務においては、今一度、「目配り」「気配り」「心配り」を忘れず事故防止を図ってくださるようお願いする。

（施設長所感　第6号　２００８年11月28日）

第3章　利用者のご家族との関わり合い

福祉施設に勤務している皆さんは、ご家族が親や子供、兄弟姉妹を入所させる時の心境を考えたことがあるだろうか。それぞれが千差万別の事情があり、やむなく入所を選択するのである。高齢者の場合には、ご本人が「子供に迷惑をかけたくないから」「心身ともに衰え、夫婦や一人で暮らすことが不安だから」などと納得して入所することが多い。身体障害者の場合も比較的高齢者と同様の理由が多いと思う。

しかし、知的障害者の場合は全く違う。入所の理由としては、ご家族が「本人が重度の発達障害のために専門的な支援を受けさせたい」「本人に将来、自立生活をさせたいので適切な指導と援助受けたい」とする場合が多い。つまり、本人の判断能力が不十分であるためにご家族が希望するのである。従って、施設職員はその要望に応える努力をしなければならない。そのためには、日ごろからご家族に本人の成長の過程などを伝え、常に信頼関係を築いておく必要がある。これを怠ると、ご家族は施設に対する不信感を募らせ、些細なことでも苦情につながることが多い。できれば年に1回ぐらい家庭訪問をしたいものである。利用者の成長は、施設職員だけが担っているわけではない。本人の努力やご家族の協力と理解があってこそ成長を促すことができることを忘れてはならない。

子供の虚言を信じて退園させた父親

本年4月5日、午前9時03分に佐々木さんの父親から園長に電話が入った。その内容は、今日付で退園するので荷物をまとめておいてほしいとの連絡であった。あまりにも突然のことであったが、これまでの経緯から有り得ることと予想はしていたものの驚きであった。きっと、本人の意向というより家族の熟慮した結果の判断であったと思われる。

佐々木さんは、1997年4月1日、32歳で在宅から「からまつ園」に入園しているが、その後、1998年6月19日付で一度退園となっている。退園の理由は、佐々木さんが数名の職員から体罰を受けたと家族に訴えたことによる父親の激怒であった。施設側では、佐々木さんが具体的にあげた職員名に基づき、個別に呼び出し、事実調査を徹底的に行ったが、体罰の事実は一切なく、家族はもちろんのこと、実施機関にも赴き理解を求めた。しかし父親は一定程度理解はしたものの、結果的には施設に対する不信感が解消せず退園となった。

しかし、家庭では退園をさせたものの、佐々木さんの障害の本質とも言える心因反応等から来る頻回な問題行動が家庭でも出現したらしく、再度「からまつ園」に入園を希望した。施設側も実施機関側も前回の佐々木さんの虚言による同様のトラブル発生の回避や家族との信頼関係の重視、そして、何よりも障害をもつ本人を重視することで、1998年9月1日付で再度入園となった。

また、当時「からまつ園」は大変な事故処理の真っ只中にあった。それは、同年7月末に、利用者に対する暴力事件が利用者の訴えで発覚し、全道版の新聞に掲載され、その後逮捕者が出たこともあり、その時点では「からまつ園」は事件を解決すべく窮地に追い込まれていた時期であった。しかも、佐々木さんの父親はこの事件と前回の退園理由とをリンクさせ強硬に再入園を希望したこともあり、当時の園長は苦しんだ末、入園を許可せざるを得ない状況にあったものと思われる。

そして、2年半が経過した。この間、「からまつ園」では、前述した事件の責任を取る形で園長が辞任したこと、そして、事故防止対策の強化と職員の意識改革を進め、さらには2000年4月に、それまでの南富良野町のOBが園長をしていたが、今後はこのような事件を二度と発生させぬよう、業界のプロパーを園長にすることを理事会が決定し、私が就任した時期であった。

虚言癖の利用者との関わりに萎縮

以来、私が就任以後も前年にも増して職員の教育に力を注ぎ、徹底して利用者主体の運営に努力し、改善できるものは即実行し改革を行ってきた。特に佐々木さんや父親への対応は、他の利用者よりはるかに「きめこまかく」職員に指示してきたつもりである。

しかし、こうした対応にもかかわらず佐々木さんの虚言癖は一向に改められず、佐々木さんの虚言をそのまま鵜呑みにして、昨年の4月以降も3回にわたり、父親の激高に私は対処してきた。施設の中では他の利用者も職員も皆、佐々木さんへの関わりに萎縮し、園長としてもいずれそれなりの決断をしなくてはならない時期が来るという気持ちであった。

しかし一方では、父親の佐々木さんに対する「障害への認知」が希薄なこと、そして、何よりも障害をもつ佐々木さんの落ち着きがないこと、多動であること、さらに虚言癖の原因について究明できなかった私の、プロとしての技量を反省しなければならないと思っていたところである。

そんな矢先、4月1日に一時帰省した佐々木さんは、職員に妙な薬を服用させられたと父親に訴えたらしく、それを信じた父親は激高して、からまつ園はもちろんのこと、富良野警察署、実施機関等に苦情を申し立てたことから事が大きくなった。

園長として直ちに事実確認をしたが、そのような事実は全くなく、まして佐々木さんが服用させられたとする職員も当日は勤務ではなかったことなどから、今回のことについては逆に名誉棄損で訴えたい気持ちであったのは否定できない。しかし、さらに事を大きくすると関係業界から嘲笑の的になることは必至であるし、尾鰭がついて「からまつ園」が窮地に陥ることも有り得ることである。従って、今回のことは、警察、実施機関、そして父親に対して誠意をもって接することとし、即座に行動した。

辛いにして、警察も実施機関も施設側の対応については理解をしていただいたが、最終的に私は実施機関に佐々木さんの措置解除を申し入れた。辛い選択であったが、職員の苦しい声を聞くとやむを得ない選択であった。実施機関も驚いたようであったが、即座に結論は出せずしばらく時間が欲しいとのことであった。

また、4月4日には施設側が実施機関に措置の解除を求めたことには一切触れず、家族に時間を十分かけて分かっていただき、和解のもとに父親は帰宅したのである。そして、父親は帰り際に富良野警察署に行き、今回の訴えは取り下げた模様であることを後刻知った。

そして、その翌日いきなり冒頭の退園の申し出であった。

親が子供の障害を知ることが大切

父親の心境や家族の気持ちがどのように変化したかは計りしれないが、少なくとも佐々木さんの落ち着きがない、多動であること、虚言癖に対して家族が障害を認知されたと思いたい。私は医師ではないが、これまでの経験から「多動性障害」の分類に入ると思っている。これは精神科領域であるので、実施機関の責任で適切なる治療をした方が良いと、担当者にアドバイスし専門書も送付させていただいた。

職員の皆さんには改めて言うことでもないが、不幸にして「障害をもって生まれたこと」の責任は「親」にもないし、もちろん「子供」にもないことは明らかである。

しかし、親は子供の障害を認知することはとても大切なことであり、その治療とアプローチは親の責任である。施設に入園させたとしても親の責任は免れなく、施設と親と本人が三位一体となって自立を探ることが私たちの仕事である。もし、このことの一部でも崩れると今回のような事態に発展するのである。

私たちは、今回のことを教訓として今後の父母の対応に努力しなければならないが、困難な問題が発生しても決して萎縮しないでほしい。自分の仕事に誇りと自信をもち、誠意をもって対応することが大切である。

最後に、これまで佐々木さんに対して誠意をもって対応していただいた職員の皆さんには感謝を申し上げたい。そして、佐々木さんとご家族のご健康を心から祈念するものである。

（園長所感　第10号　２００１年４月13日）

娘が同室の仲間から暴力を受けていると訴えた父親

からまつ園の体育祭が終了し、園内で家族と利用者が和やかに昼食をしていた最中に、山田さんのお父さんが興奮した表情で園長に抗議を申し出た。

「娘が同室の利用者から叩かれている。園長は、このことを知っているのか。知らないとすれば、園長として問題があるのではないか」との訴えであった。

私はこのことについては、お父さんから抗議される直前に聞いていたので、事実を直ちに調査し善処したいと話したが、お父さんは納得されず険悪なムードのまま退席されたが、その後再び接触し、ご理解されて帰られた。

私は直ちに事実確認と善処の方策を探るよう職員に命じたが、翌日になっても報告がないために、自ら暴力行為等の目撃者と加害者に直接面談し、事実を確認した。その結果、お父さんの訴えのとおりの事実があり、しかも1回ではなく数回あったことを確認した。叩いた加害者の一人は泣きながら反省をし、もう一人の加害者は、叩いてはいないが暴言を吐くなどの「いじめ」の事実を認め、山田さんに悪いことをしたと証言した。また、叩かれている現場を見た目撃者は、職員に伝えていたことも証言された。

職員にお願いした二つのこと

私は今回の事件で、ぜひ二つのことを職員にお願いしたい。

その一つは、報告の仕方である。お父さんが訴えてきた当日に事実確認の調査が行われたようだが、急を要する場合は、書面をもって報告をしなければならないという考え方を改めていただきたい。緊急の場合は口頭で一応報告するのが望ましく、その報告をもって上司の新たな指示が出てくるのである。書面は最後の段階で提出するものであることを認識してほしい。

また、部課係長の対応にも問題があったように思えてならない。全てを棟長に任せ自らの職制として、どのように関わったのかが抜けているし、報告の仕方も指示していなかったのではないだろうか。そして、職制として直ちに園長に報告されておらず、３日後に書面と口頭をもって報告された。私は遅すぎると思うと同時に、自らの職制の職務として、即座の事態の判断に欠けていたのではないかと思う。

当日は体育祭終了後の父母の対応、そして家族の会の総会等慌ただしい日であったし、翌日は振替休日でもあった事情がある。しかし、緊急の場合は事故解決そのものが最優先する。現に、被害者のお父さんから翌日にどのようになったかの問い合わせが来ている。もう少し部課係長自らの責任と積極的な関わりを持つことの認識を強く持ってほしい。

二つ目は、今回の事件の目撃者は、数日前に職員に伝えていることである。

利用者からは、日々様々な要求や苦情があることは十分承知している。しかし、「暴力」や「いじめ」などの苦情は直ちに対応すべきであろう。私も現場を長く経験したが、「〇〇さんから叩かれた」「〇〇さんにいじめられた」などの苦情は、直ちにその事実を確認し対応したものである。何か、障害者施設では、日常茶飯事で仕方がないという諦めや妥協が存在していないだろうか。これが一般社会で起こったとすると大変な事件に発展する恐れがあるし、妥協は許されないことである。

からまつ園は利用者の声を反映する施設運営を基本として、高らかに理念として掲げている。ぜひ利用者本人の苦しみや悲しみを理解して支援にあたってほしいし、職制の長として「どこまで」関わるかの判断を即決してほしい。

利用者の家族の心境に理解を

最後に、障害の重い利用者の家族の心境を理解していただきたい。意思表示のできない子供に対しては、繰り返し「誰かにいじめられていないだろうか」という心情を語ってくれた親がいる。いつも言うことだが、障害をもって生まれたことは親の責任でもないし、もちろん本人の責任でもない。私たちが社会的責任として、また、障害者を支援する職業人として、親が安心できる対応をいつも心掛けなくてはならないことは言うまでもないことである。

人権を単に抽象論で語るのではなく、名実ともに日常の支援活動の中で、具体的に展開した活動が私たちの仕事であることを忘れないでほしい。また、利用者のトラブルは、相部屋であることに起因するものが非常に多いことはご承知のとおりである。私も、狭さ解消に向けた取り組みを積極的に行いたいと考えている。利用者が他人に気兼ねせず、自分の好きなことを自由にできる居住環境が人権尊重の第一歩である。職員とともにその実現を図っていきたい。

（園長所感　第20号　２００２年７月11日）

ご家族からの寄付金に感謝

去る９月６日に不慮の事故で死亡された岡村さんのお兄様より、太陽の園への指定寄付として金50万円をいただいた。お兄様は、私にこう話された。

「今回の不慮の死は、弟の運命だったのでしょう。きっと弟は太陽の園の多くの職員の皆さんから温かく支えられ、66歳まで生きてこられたことに感謝をしていることと思います。私たち兄弟姉妹も、職員の皆様のご厚情に対して心からお礼を申し上げます」

私は、このお兄様の話を聞き、正直返す言葉がなかった。ただただ頭の下がる思いであった。一般的に、利用者が福祉サービスを受けている最中に事故死した場合、その直接の原因が病死だとしても、肉親の無念さや悲しみは、いかばかりかと察するものである。たとえ家族に大変お世話になった気持ちがあったとしても、施設側に何らかの「落ち度」はなかったのかと思うのは当然のことではないだろうか。

しかし、お兄様は事故発生状況の説明を受けた後は、一貫して事故内容に触れることなく、これまで弟が元気に太陽の園で暮らしてきたことに対する感謝の意を表すのみであった。その、寛大で寛容な人格に畏敬の念を抱かざるを得なかった。私のような凡人には到底真似のできない姿である。おそらく、お兄様には長年の教育者として限りない人間愛の精神が根底にあると察するものである。

人としてとても大きなことを学ぶ

私は今回のことで、昨今の殺伐とした事件が相次ぐ中で、お兄様から「何か人としてとても大きなもの」を学んだような気がしてならない。日頃、総合施設長として、改革や改善を急ぐあまり「苦言」ばかりを呈している自分が時に嫌になることがある。寛大で寛容な大器になるよう努力をしなければならないが、残念ながら今の自分を客観的に見て「心のゆとり」が欠けているのではないかと思っている。反省だけでは進歩はないだろう。

先日、太陽の園ＯＢである大先輩と酒を酌み交わした。私の長所も短所も知り尽くしている方なので、いろいろと人生論を話し合った。彼に、「大局観を見失わないことが大切だが、急いではいけない。急ぐと大局観を見失ってしまう」と諭された。帰りの列車の中で、太陽の園における大局観とは何を意味するのだろうか。そして、その大局観に基づく具体性と方向性とは何だろう。また、私が万全を尽くすべき人事（人間にできることの意）は、一体何なのか思い巡らせたが、いずれも難問、難題、そう簡単に答は出ない。でも、ただ悠々漫然としてもいられない。総合施設長として、最大限、知恵を出し、そして、自分の仕事に自信と誇りと勇気をもって現実と未来を見つめていきたいと思っている。

寄付行為というのは、決して多額または高額な金品を意味するものではない。私は民間施設で６年間仕事をしてきたが、多くの家族や地域住民から１０００円程度の寄付金を多数いただいた。

「孫が産まれたから」「娘が結婚したから」「父の葬儀の香典の一部を」「お見舞いの一部を」など、本当にたくさんの方々から寄付を受けた。私も少額ながら「うれしいこと等」があれば、公的、私的を問わず寄付をしてきた。ちょっとした志は、少額でなければ続けることができないと思っている。

今回、お兄様からの浄財は、心から感謝をこめて収めさせていただいた。利用者等に役立つよう使途を考えようと思っている。

（総合施設長所感　第22号　２００７年9月19日）

利用者の家族に対する経済的支援をどう考えるか？

～判断能力が不十分な利用者の預り金を管理している場合～

利用者の預貯金管理は、施設の本来的業務ではないが、どこの施設を見ても、様々な方法を駆使して管理している実態にあると言える。

当法人では、「利用者預り金管理規程」を次のように定めている。
「利用者の現金、預金、印鑑の取り扱いについては、利用者または身元引受人もしくは後見人との協議の上、預かりを希望した場合には、委任状を作成し本人名義の預金口座を作成すると共に個人預金台帳と補助簿を作成する。施設利用後の利用者口座からの入出金、その他、現金の支払事務に関しての代行サービス委任状を受領しなければならない。（後略）」もちろん、家族には定期的に報告することを義務付けている。

入所している子供の預貯金から援助を

【事例１】過日、ある利用者の家族から「生活が苦しいので、施設入所している子供の預貯金から経済的援助をしてほしい」と、施設長に要望があった。この利用者は、障害程度が大変重いために意思表示ができない。いわゆる判断能力に欠ける方である。

私は、さてどうしようかと正直なところ迷った。一般的に、こうした家族からの経済的援助の要請があった場合には、利用者本人の判断能力の有無に着目する必要がある。そして、十分な判断能力があるとした場合には、本人の意思を尊重しなければならない。その場合の選択肢は、

①断ることにする
②一時的に貸すことにする
③無償の支援をする（贈与）など
いずれかの方法で対応することになるだろうが、仮に、本人が②もしくは③にしたいと意思表明した場合には、本人の自己責任で行う一種の法的な契約行為が成立する。

その場合、預貯金を管理している施設側は、本人の意思に基づいて出した結論の経過等を記録して置くとともに、預金の払出し等の支援を行う。もちろん、ただ傍観して本人の結論を待つのではなく、本人が判断する材料の提供を行わなければならない。つまり、家族の意向や経済的困窮の理由、本人の預貯金の残額、毎月必要な支払経費、場合によっては前記3種類の選択肢などを説明することが必要であるし、また、家族にもこの状況を伝えなければならない。

ただ、私のこれまでの経験では、成年後見制度を利用している場合を除き、この判断能力の「ある」「なし」に関しては、家族の認識と施設側のとらえ方に大きなギャップがあることを感じている。施設側では、本人の判断能力については、日常生活支援の意思疎通の状況などから、その是非を判断しているが、これは決して公的に認められたものではないことを知らなければならない。つまり、本人が知的障害、精神障害、認知症等で判断能力の「ある」「なし」の法律的判断は、現在のところ「成年後見制度」による家庭裁判所だけに認められたものである。

民法第７３０条には、「直系血族及び同居の親族は、互いに扶《たす》け合わなければならない」と定められており、親族間の扶け合いが明文化されている。また、一般的な「助ける」ではなく、「扶ける」とされており、これは「生活扶養義務」を課していることを意味している。

職員の皆さんは、直系親族が「生活保護の各種扶助等の受給」を申請した場合に、当該福祉事務所では、受給申請者の親や兄弟・姉妹（絶対扶養義務者）に「扶養照会」がされることを知っているだろうか？

この「扶養照会」が、民法第７３０条の「生活扶助義務」にあたるものである。つまり、生活保護法では他法優先主義であるために、他の制度で扶助ができれば生活保護を適用しないことになる。つまり、民法の定めが優先することになる。

さて、この「生活扶助義務」とは、一体どのようなことなのだろうか。法律的には、次のように理解されている。

「自分の身分相応の生活を犠牲にすることなしに、生活扶助を求めている人の最低生活を維持すれば足りるというもの」で、親族一般に適用されている。つまり、自分の家庭を犠牲してまで、扶助義務を求めていないことになるし、病院や福祉施設で自立を目指している人なども、その範疇に含まれることもある。

しかし、ここで皆さんは、疑問に思うことがないだろうか？　私もそうであるが、皆さんの中には、夫が妻子を扶養している方が大勢おられる。これは「生活扶助義務なのではないか？」という疑問である。きっと誰しもが、そのように思うだろう。しかし、法律的には夫が妻子を扶養することを「生活保持義務」とし、「生活扶助義務」とは区別されている。生活保持義務の解釈は、「最後に残された一片の肉まで分け与える義務であり、夫婦間や親または未成年の子供の間に存在するものである」という解釈である。

ここで改めて整理すると、生活扶助義務により家族を扶けることは、自分の生活を犠牲にしてまで行わなくても良いことや、病院や施設で社会復帰を目指し、今後に多額の費用を要する場合などは積極的に応じなくとも良いということである。

それから、最も重要なことは、本人が家族を扶けることの意味や金額の多寡を十分に理解できる判断能力を有していることが大前提となる。

従って、この事例の場合には判断能力に欠ける施設利用者に代わって、施設長だけの判断で行うことは、大きな問題を残すことになる。法律とは大変難しいものである。

私はこれまで家族の申し出によって、施設長の責任の下で利用者の預貯金の一部を家族にお渡しすることへの疑問から、成年後見制度を積極的に進めてきた。なぜならば、次のような事例があったからである。

入所者の弟が交通事故に遭ったケース

【事例２】利用者Ａさんは施設に入所している。Ａさんは二男で、ほかに３人の兄姉弟がいる。ある日、母親Ｘさんが施設を訪れ、施設長に、三男のＢさんが交通事故を起こし、多額の費用がかかるので、施設入所しているＡさんから弟Ｂさんに対して経済的支援をしてほしいとの要請があった。Ａさんは重度の知的障害で判断能力がないことから、施設長は事情が事情であるだけに、自分の責任でＡさんの預貯金から50万円を母親Ｘさんに手渡した。

数日後、Aさんの兄Cさんが施設長に面会を求めてきた。兄Cさんは、施設長に対して、「あなたは、どのような権限で、弟Aの預金から50万円を母親経由で弟Bに渡したのか。施設に入っている弟Aのお金を当てにする弟Bも悪いが、施設長は他人である弟Aのお金を本人の承諾もなく、第三者に貸し与える権利はないのではないか」と苦情が寄せられた。

このような事例は、場合によっては裁判所の「民事調停」に発展する恐れが十分あると言える。もし、事件として取り上げられたとしたならば、施設側は敗訴となる可能性があり、また、施設長は損害賠償を求められることも考えられる。

民法では、障害者で「ある」または「ない」にかかわらず、20歳（現在18歳）を成人とし、法律行為ができるものとしている。逆に考えると、20歳を過ぎると、親族や第三者は、たとえ本人が障害者であっても、本人が行う全ての法律行為には関与し決定できないことになっている。従って、本人に判断能力が不十分な場合には、成年後見制度を利用して、家庭裁判所に後見人等の選任の申し立てを行わなければならない。そして、その選任された後見人等だけが、本人に代わって法律行為ができることになる。

福祉施設で家族への援助が行われてきた要因

それにしても、これまで福祉施設では、なぜこのようなことが行われてきたのだろうか。その要因は幾つかあると思うが、少し背景を考えてみよう。

その一つは、施設側では常に利用者や家族との信頼関係を築くために、たゆまぬ努力をしてきたと言える。つまり、こうした家族間相互による金銭授受の依頼を施設長の責任の下で行われていたことも、その信頼関係をさらに築く、または悪化させないがための善意の対応及び手段であったと思われる。また、家族も施設入所している子供の預金から支援を受けなければならない特別の事情もあることは否定できないだろう。だが、家族も子供等の預貯金を安易にあてにする側面もあったことは否めない。

第二は、家族が利用者の財産を当てにするのは、利用者が多額の預貯金を保有しているからである。では、なぜ預金が貯まっていったのだろうか。

これは、１９８６年に障害者の所得保障を充実する観点から、年金制度の大幅な改正が行われ、障害基礎年金が支給されるようになったためである。その支給額は２級の障害者は国民基礎年金と同額（２００９年当時、１カ月６万６００８円）、１級の障害者は２級年金の25％増しとされた（同年当時、１カ月８万２５０８円）。

この改正で、在宅の障害者の生活は、１９８６年以前の福祉年金（月額２万～２万５０００円）より大幅に増額され、ずいぶんと改善されたが、同時に施設入所している障害者も同様に増額された。

しかも、当時は措置制度時代であり、利用者の施設利用の自己負担金がとても低額だったので、親が負担していたケースもずいぶんあった。衣食住費、共用娯楽費、日用品費などは、全て施設側が措置費で賄われていたので、施設入所者の預貯金は在宅障害者より次第に増加していくという状況が、２００３年の支援費制度が始まる前まで続いていた。現在では、食費や利用料等が自己負担になったので、預貯金が多額に増加することはなくなった。

第三は、判断能力の不十分な障害者の財産を保全する法律が未整備であったことがあげられる。旧民法には、禁治産者、準禁治産者の制度があったが、大変使い勝手が悪く、また広く国民に知れ渡っておらず、その利用も大変少ないものであった。こうした現状から、１９９９年に民法の一部改正が１００年ぶりに改正され、成年後見制度が新しく法律化された。この法律は、単に判断能力の不十分な人たちの財産を守るだけではなく、認知症者、知的障害者、精神障害者等のための幅広い権利擁護の視点を重視したものであった。この、成年後見制度については、第5章で詳しく述べたい。

私が対応した事例

次に、冒頭に述べた事例1の「ある利用者の家族からの経済的支援の要請」について、私が対応した内容についてお話ししたい。

私は、まず家族に次のように切り出した。

「当施設ではお子さんの預貯金をお預かりし、毎月の収支を適切に管理する受任事務を行っています。それ以外の金銭の取り扱いは基本的にできないことになっています。ですから、お子さんの財産（預貯金）の中から、ご家族といえどもお渡しすることはできませんし、施設長は個人の財産を処分する権限はないのです」

このように、原則論をお話しした上で徐々に具体的な内容に進んでいった。

施設長「失礼ですが、毎月の収入は、どのくらいありますか？」

家　族「数万円です。生活がとても苦しいのです」

施設長「その程度の収入だと生活保護を申請できますよ」

家　族「隣近所の人たちの話だと、家や土地があると受けられないと聞きました」
施設長「今の制度では、家や土地があっても受けられないことはありません。一度役場に行って相談してはいかがですか」
家　族「……お金、貸してくれなければいいです……」
施設長「よく話を聞いてください。役場に生活保護の相談や申請に行くと、役場の方から3人のお子さんたちに「経済的援助ができますか？」という手紙が来ます。施設としては、そうした役場からの手紙に基づいて、他のご家族に了解が得られればお金を出すことは可能です。つまり、ご本人のお金ですから、支出するためには何らかの公的な手続きが必要になるのです。
家　族「お金、貸してくれなければいいです。帰ります……」
施設長「もう少し、話を聞いてください。成年後見制度を知っていますか」
家　族「知りません」
施設長「お子さんは障害程度が大変重く、言葉による意思疎通もできず、判断能力も不十分と思われます。そのような人に対して、ご家族が後見人となり、本人の金銭管理や生活支援などを行う制度です。そして、後見人になった後に、ご家族に特別な事情が発生し経済的支援が必要となった時は、家庭裁判所が判断します。今回のように、お金を出せないことで、ご家族が施設側の対応に不信感や疑問を持つのであれば、この成年後見制度を利用することもできます」

家　族「難しいことは分かりません。ほかの子供たちは、みんな結婚して子供もいるし、私には経済的な援助ができません。だから、ここにお世話になっている子供にお願いに来ました。今、とても困っているのです」

施設長「事情は理解できます。これは私からの提案ですが、直系のご家族は、当施設に入所している方を含めて４名ですね」

家　族「そうです。私と子供３人です。うち２人の子供は道内に住んでいます」

施設長「先ほどお話したとおり、当施設に入所しているお子さんは、ご家族に経済的援助をするか否かの判断はできません。従って、仮に援助するとした場合は、ご家族３名の合意が必要となります。つまり、何か問題が発生した場合は、３人の共同責任となります。そのために、３人の同意書の提出があれば、ご家族に毎月数万円を振り込むことは可能であると思います。それぞれから同意書をいただけると思いますか」

家　族「多分、大丈夫だと思います。助かります。お願いします」

こうして施設側では家族全員の同意書の提出があった後から、数万円を毎月送金している。今回のやり方は、厳密に言うと合法的ではないが、しかし、少なくとも直系親族の全員が合意した証を保存しておくことは、何もしないよりは効果的であると思われる。

これは、私が成年後見制度の申し立てを行う際に、直系親族等から同意書の提出を求めることの応用である。つまり、施設長は何らかの「逃げ道」を作っておくことが必要なのである。それでなければ、利用者と家族間の金銭貸借を巡るリスクを回避することができないからだ。

最後に、親が障害のある子供を育てるにあたっては、言葉では言い尽くせないほどのご苦労がある。そして、逆に子供も親に対しては大きな感謝の念を抱くのは当然のことである。たとえ障害があっても、普通に判断できる人の場合は、親が困窮しているときは、家族の一員である自分ができる範囲で支援するのは「あたり前」のことと思うだろう。それが家族間の「愛」であり、「人の道」と言えるだろう。

しかし、不幸にして、障害のために判断能力が失われている人の場合は、誰かが代理人となって判断しなければならない。それが成年後見制度である。金銭のことばかりではなく、施設を利用するときの契約書の締結など、本人に必要な全ての法律行為が対象となる。私たちの職場には、判断能力の不十分な人たちが大勢いる。もう一度、この人たちの権利を護ることについて一考していただければ幸甚である。

（施設長所感　第17号　２００９年3月2日）

第4章　支援スキルの向上

かつての日本の高齢者や障害者の福祉施策は、措置制度に基づく施設入所を中心に進められてきた。国民が施設入所を希望する場合は、行政処分により入所する施設が決められたのである。特に知的障害児・者の福祉は、昭和40年代に国が西欧諸国のコロニーをモデルにした大規模施設の設置を推奨し、北海道、秋田県、大阪府、愛知県などが数百人規模の公立入所施設を建設した。

しかし、それでも国民の入所希望に応えられず、国策により社会福祉法人の認可を進め、全国各地に民間運営の入所施設が建設された。特に地方の町村は、過疎対策のための「人口の増加」や「地域経済の振興」「福祉のまちづくり」などの旗印のもとに債務負担を行い積極的に進めた経緯がある。

私の勤務地であった北海道伊達市も誘致を積極的に進め、北海道が1968年から19

70年までに定員400名の大規模施設「北海道立太陽の園」を建設し、その運営を北海道社会福祉事業団に委託した。地域の人たちは、その大規模施設を「コロニー」と呼び、入所している人たちは生涯にわたり施設で生活するものと、伊達市や地域住民の誰一人として疑わなかった時代であった。

施設側も食料の自給自足を目指し、養豚、養鶏、養牛や畑作などの授産体制を整備し利用者が作業に従事した。従って、現在のように利用者一人ひとり個別支援計画はなく、集団指導体制で施設が運営されていた時代であったと言えよう。

1970年代前半、太陽の園ではこうした体制を維持しつつ、稼働能力の高い利用者を中心に個別の自立支援プログラムを作成し、地域の企業で働き、町で暮らすことの挑戦を始めた。これが、私の知る限り障害者に対する日本で初めての個別支援計画だと思っている。

その後、1970年代後半になり、国際障害者年やノーマライゼーションの理念が全国的に広まり、施設職員には利用者の自立に向けてのスキルアップが求められてきた。そして、2003年10月より施設利用契約制度が法制化され、契約書の中には「施設は常に利用者の意向と課題を把握し、利用者の個別支援計画を作成します」と明記されていることを忘れてはならない。

それは想定外の事故だったのか?

一般的に、事故は思いもよらないことが原因で起こるものであるが、過日、太陽の園第一青葉B棟の居住寮で次のような騒動があった。午前4時頃、寮宿直の職員が仮眠を取っていたが、水道を流す音で目覚め、配膳室に行くと男性利用者の一人が、蛇口に取り付けられているL管を手で折ろうとしているのを発見した。職員は利用者に注意を促し居室に戻るよう指示した。

その後、寮内を点検したところ、寮内のストーブ、電気ポット、ひげ剃り器の充電器、冷蔵庫、洗濯機、電話器等の、それぞれの電源コードが切断され、さらに浴室のシャワーホースも切断されていた。

切断に使用したのは、配膳室に保管してあった「キッチンバサミ」のようであった。なぜなら、ハサミの刃に電気コード切断の際に発生したと思われる電流のショートによる黒い焼痕があり、刃の一部が欠けていたからである。おそらく彼の行為と思われた。

では、なぜこうした行為をしたのか、とても不可解であった。しかし、彼は強い自閉傾向の障害を有し、うまくコミュニケーションを取ることができない。また、過去においては、これに類することは寮内ではなかった。

一般社会でこのような事件が発生すると「愉快犯的」なこと、いわゆる悪質ないたずらとして報道されるが、施設内では決してそうはならない。

本人は、前日に冬季の一時帰省から戻って来たばかりで、寮担当職員は事故の内容を家族に伝えたところ、お母さんから「今回の帰省中に息子が電気ミキサーのコードをハサミで切断したことがあった」と報告を受けたそうである。きっと、彼はお母さんにきつく叱られ「注意」を受けたであろうと思われる。

悪質ないたずらの背景を推測

これからは、私の浅薄な知識に基づく推測である。

自閉症の人たちは、時として自分の行った行為に対して、複数の注意や課題を与えられた場合、その認識の向かい方が大変「狭く」、大変「強い」と言われている。例えば、母

親が、

・「どうして、こんなことをしたの？」
・「ミキサーが使えなくなったでしょ！」
・「修理できなければ、新しいものを買わなくてはならないでしょ！」
・「もう、こんなことをしてはダメよ！」

これら四つの注意や課題を与えたとする。ところが、本人にとっては、この四つの関連した認識が理解できず混乱し、時にはパニックになることもあると言われている。

強度の自閉症になると、注意されていることが「不快な雑音」にしか聞こえず、耳を手で塞ぐ行動もよく見られる。つまり、こうした複数の情報に対応することが不得手なのであり、これが「認識の向かい方が狭い」と言われることである。

だが一方では、狭い限局した課題や対象に大変強く長く集中したり、法則を見いだしたりする機能を高い水準で発揮することがあると言われている。これが「認識の向かい方が強い」と言われることである。

つまり、彼がどのようなきっかけで電気コードの切断術を会得したのかは不明だが、おそらく切断することが本来の目的ではなく、切断することによって発生する「ハサミ」と「電気コード」間の電流のショートによる刺激（火花や音）に興味を持ち、執着したのではないかと考えることはできないだろうか。

しかし、電気コードではない水道の蛇口を折ることやシャワーホースの切断とは矛盾するが、彼の世界では管と線を同様に理解しているチャンネルがあるのかも知れない。

いずれにしても、自閉症の行動特異性の主な共通点は、言語性ではなく、視覚または感覚による具体性、規則性、個別性であると言われているが、その意味を理解するための推理や想像力等を必要とすることには困難があることを、まずもって私たちは理解しなければならない。

ご承知のとおり、2005年4月から発達障害者支援法が施行され、発達障害の中に、自閉症や広汎性発達障害等が含まれるようになった。そして、これら発達障害者に対して、その心理機能の適切な発達支援を行い、円滑な社会生活を促進するために医療的、福祉的、教育的援助を行うことが必要とされている。

当施設においても、自閉症や行動障害を有する利用者の支援にあたっては、相当の苦慮をしている状況にあると思う。今回の利用者の騒動についても、単に本人に注意する対処法だけでは根本的な解決にはならないと思われる。年頭所感で申し上げたとおり、ケースに拘ってチームで検討してほしい。

最近では自閉症に関する構造化等の参考図書がたくさん出回るようになっている。発達援助センターにも関連する図書が備え付けられている。ぜひ勉強して、なぜ特異な行動を取るのかを興味をもって研究し、利用者の支援の改善を図ってほしい。

起こるべくして起こった事故

さて今回の事故の問題点は、もう一つある。刃物の管理と職員不在時等の配膳室、浴室、乾燥室等の施錠が徹底していなかったことである。ある意味では、起こるべくして起こった事故であると言っても良い。幸いにして、刃物の持ち出しで怪我を負った事故ではなかったが、それで良かったと済まされる問題ではない。

私も現場の夜勤や宿直勤務の経験があるので、寮の状況は理解しているつもりでいるが、勤務に入った時は、ぜひ四方八方にわたる気遣いと緊張感をもってあたってほしい。特に修理工具や包丁、カッター、ハサミ、ライター等の危険物を今一度点検し、利用者の視野に入る所には絶対に置かないでいただきたい。よく職員詰所の缶のペンケースにハサミやカッターなどが納められているのを見るが早速改めてほしい。

また、参考になるかどうか分からないが、私は前任地において、職員が共用する刃物だけでなく、利用者が所持している刃物等についても預からせてもらったこともある。ある意味では、そのくらい気配りをしなければ事故の未然防止はできないと思っている。

今年の第１回運営会議では、利用者に対する安全と安心を与える施設運営にしてほしいことを部課長に伝えた。ぜひ職員の皆さんも協力していただきたい。

今回の騒動は「まさか……」という想定外のことであったかも知れない。しかし、現実に発生した。「まさか」を辞書で引くと「真逆」と書いているものがある。真逆は「まぎゃく」とも読み、「よもや」「いくらなんでも」「そんなことはあるまい」と打ち消しの意味として用いられるが、「まさかの時に備える」という危急の事態の対応としても使用する。危機管理の上からも、ぜひ後者の意味として認識していただきたい。

（総合施設長所感　第37号　２００８年１月21日）

新しい個別支援計画作成のシステム化について

２００３年の支援費制度以来、利用者の支援にあたっては個々人の障害程度やＡＤＬ（日常生活動作）等の状況に応じて、施設支援計画（個別支援計画）が義務づけられたのはご存じのとおりである。当施設では、本年（２００８年）４月より、利用者の新しい個別支援計画作成を共通化したシステムに基づき実施することになった。皆さんにご理解いただくために、先に説明会を行ったところである。しかし、意外と正しく理解されていないのが、その根拠となる法律である。ここに、「知的障害者援護施設の設備及び運営に関する基準」から、関係する部分を抜粋して紹介する（授産施設、児童施設、通所施設等も同様である）。

個別支援計画作成に関連する法律（抜粋）

【第35条】

1　知的障害者更生施設は、入所者について、その心身の状況、その置かれている環境、その者の希望等を勘案し、その者の同意を得て、その者の支援に関する計画（以下、

「施設支援計画」と言う）を作成しなければならない。
2　知的障害者更生施設は、前項の規定による施設支援計画の作成にあたって、施設の職員による会議を開かなければならない。
3　知的障害者更生施設は、施設支援計画の作成後においては、その実施状況の把握を行うとともに、必要に応じて施設支援計画の見直しを行わなければならない。

【第36条（支援の方針）】
1　知的障害者更生施設は、入所者について、その者の心身の状況に応じて、その者の支援を適切に行わなければならない。
2　入所者の支援は、施設支援計画に基づき、漫然かつ画一的なものとならないよう配慮して行わなければならない。
3　知的障害者更生施設の職員は、入所者の支援にあたっては、懇切丁寧を旨とし、入所者に対し、支援上必要な事項について理解しやすいように説明を行わなければならない。
4　知的障害者更生施設は、自らその行う支援の質の評価を行い、常に改善を図らなければならない。

計画作成の体系的、構造的な課題

以上が個別支援計画作成に関連する法律であるが、太陽の園では昨年の北海道の指導監査で指摘を受けたのが、第35条の第2項であった。つまり、個別支援計画作成にあたって、それぞれの所属が職員会議等の決定がなされていなかったこと、及び会議録が整備されていなかったことである。つまり、きつい言い方をすると、各所属長は「支援員に丸投げ」して関与していなかったことになる。しかし、この問題を契機に、これまでの経過や実態を調べてみたところ、計画作成にかかわる一連の体系的または構造的な課題があることが分かった。

当施設では、支援費制度が始まった2003年4月に個別支援計画作成のCDロムが作られた。内容を見ると、当時としては正に完璧に近いものだったが、これを実践するための機器整備が不十分であったために、うまく機能し得なかったことがあげられる。つまり、機器を職員室だけに整備し、各寮にパソコンを設置しなかったことやランシステムが見送られたことが要因であった。いくら素晴らしいCDロムがあっても、使い勝手の良い機器を整備しなければ役に立たないのは当然である。

さらに当施設では自立支援パッケージソフト（ほのぼのシステム）の導入の際に、支援費請求システムだけを導入し、個別支援計画作成等のシステムを組み入れなかったことが大きな要因であると思う。なぜ組み入れなかったのかは不明であるが、今となっては残念と言わざるを得ない。

二つ目の要因は、利用者のＡＤＬ等のアセスメント項目の不十分さがあったことがあげられる。言うまでもなく、アセスメントを深めなければ個別支援計画は基本的に作成できないが、これをどのように連動させるかが課題となった。

そして三つ目の要因は、職員に対する丁寧な説明と周知であるが、これが十分に行われていたとは思われないことがあげられる。

私は支援費制度開始以来、他の施設がどのような支援ソフトを導入しているかの状況を見聞きしてきたが、比較的多く使用されているのが「福祉の森支援ソフト」「ほのぼの支援ソフト」「プランゲート支援ソフト」などのようである。各施設の状況は、ほぼ１００パーセントに近い導入率である。

私は当施設に2年前に着任したが、支援現場に何ら支援ソフトが導入されていないことに正直愕然とした。そこで、早速どのような体系で個別支援計画が作成されているのか、また、その内容はどうなのかなどを調査したが、各所属で統一体系化されておらず、内容においても、これが伝統ある太陽の園の個別支援計画なのかと驚かされた。

また、既存の個別支援計画は3年毎に見直すとされていることも時代錯誤であると思った。これは長年の道立施設時代の身内的指導監査であったために指摘されてこなかったことや、総合施設長を含む管理職の怠慢であったと思われる。そして、２００６年度から、完全民営化のために他の福祉施設と同様の指導監査を受けたが、法令等を遵守していない17項目について口頭指導を受け、改善が求められた。前述した個別支援計画作成の検討・決定会議の未開催もその一つである。

課題解決のために事業団本部と交渉

そこで私は、太陽の園だけでなく、事業団の経営する全ての施設に支援ソフトの導入とランシステムの構築、機器の整備を図るべきと事業団本部と交渉を重ねてきたが、膨大な費用がかかることや、ランシステムは当施設の改築時に整備することが望ましいとの結論から見送られてしまった。

しかし、個別支援計画作成等にかかる課題は至急解決しなければならない。幹部会議等で検討した結果、日本知的障害者福祉協会が推奨する「プランゲート支援ソフト」を基本ベースにして、アレンジした当施設独自のデータベースを作ろうということになり、パソコンに詳しい小森部長と中本主査にお願いした。私にも大きな責任があるので、集中して取り組み多くのリクエストを出して議論を重ねてきた。そして、最低必要とされる機器の整備も行い、この4月を迎えたところである。

個別支援計画は、皆さんも知ってのとおり利用者支援の根幹をなすものである。法令等に基づいた手続きを経て作成をすることは私たちの責務である。

アセスメント→個別支援計画→アセスメント→個別支援計画

これの6カ月ごとの繰り返しである。皆さんには入力作業に大変ご苦労をおかけするが、なるべく早く完成させ、決定会議を経て利用者とご家族に説明し、同意を得ていただきたい。

ただ、今回の対応は将来導入されるシステムまでの当面のものであり、まだ多くの課題がある。それは、利用者の医療情報や栄養管理情報、デイ活動部の日中支援との連動がされていないからである。将来導入する場合は、もう一度議論の余地がある。

最後になるが、パソコン操作が苦手だとする職員もいると聞いたが、現代はパソコンがないと仕事ができない時代である。私もかつてはワープロしか使えなかったが粉骨砕身の思いで挑戦した。これをいい機会にして、ぜひ努力していただきたい。

（総合施設長所感　第48号　２００８年４月18日）

脳梗塞症状の利用者に対する初期対応に感謝

２００７年９月20日、第二青葉の渡辺さん（45歳）は、起床した後、パジャマ姿で居間のソファーに座っていたが、口から「よだれ」が出てパジャマが汚れていたために、担当職員は着替えさせようとしたが左手が上がらない状態で、本人への問いかけに対しても十分な反応がなく不自然さを感じたそうである。

その後、職員は本人を朝食の席に着かせたが、左腕がだらりと下がっており、朝食も食べようとせず、本人に声がけすると身振りで歯が痛いという訴えがあるようだったと報告されている。そして、さらに本人の表情を観察すると顔面の左右が非対称で、口が左斜下に歪んで「よだれ」が出ていて、明らかに通常とは違う様子であった。職員は、このような状況を施設内診療所に連絡し、看護師より診療所長に報告された。直ちに同所長が当該寮に往診し診察した後、伊達赤十字病院の神経内科受診の指示をした。

担当職員は、本人を伊達赤十字病院に搬送したが、たまたま神経内科が休診であったことから、市内の脳神経専門の「伊達クリニック」で受診をした。そして、ＣＴ検査の結果、右大脳の「脳梗塞」と診断されたが、早期発見であったために大事には至らず、血液の流れを良くする薬が処方され帰園したようである。担当医師によれば、発見が早かったので左手の麻痺や表情は徐々に回復するとのことであった。

渡辺さんの脳梗塞は一過性のものであったと思われるが、何といっても適切な観察と迅速な対応により早期発見ができたことは、本当に良かったと思う。対応していただいた職員には心より感謝を申し上げたい。

直ちに救急車を要請することが必要

皆さんも知ってのとおり、脳梗塞とは「脳の血管が何らかの原因で細くなるか、もしくは詰まってしまうことにより脳の血流障害が生じ、その血管から血液を供給されている脳が壊死してしまう状態」と言われている。また、脳の壊死した部分が手足の動きに重要な場所であれば、その機能が失われてしまうこともある。元巨人軍の長嶋監督を襲った病気もこの脳梗塞であり、同氏の黄金の右腕が現在も重度の麻痺が残っていることはご存知のとおりである。

しかし、脳細胞は血液の流れが途絶えて、すぐに壊死に至るわけではなく、一定の脳虚血（血が足りない状態）を経て壊死に至る。一般的には3時間～6時間を経過して壊死に至ると言われており、それより前に早期診断をして治療を行えば、脳細胞を助けることができる可能性がある。従って、いかに早く病院に運ぶかが重要となり、様子を見るのではなく直ちに救急車を要請することが必要なのである。

今回の渡辺さんの場合、発見と治療は、おそらく脳梗塞の症状が出て6時間以内であったのではないかと考えられる。では、どのような症状が出たら救急車を呼べばいいのだろうか。それは、次に当てはまることがあった場合である。

・手足の脱力（麻痺）、例えば、箸を落とす、足がもつれるなど
・半身（手足）がしびれる
・言葉が出てこない、つじつまの合わないことを言う

・物が二重に見える
・口がもつれる（酔っぱらったような話し方になる）
・「めまい」がして、ふらつく等々

このような症状は、ほんの一時的なもので、すぐに消失することもある。これを一過性脳虚血発作といい、その後に本格的な脳梗塞になる危険信号と言われている。すぐに、良くなった場合でも必ず病院にかかることが必要である。

こうして考えると、渡辺さんの場合も一過性虚血発作であった可能性があり、再び同様な発作が起こる可能性は極めて高いと思われる。渡辺さんの所属する施設長にも申し上げたが、今後渡辺さんの観察を十分徹底する必要があるものと思われる。

（総合施設長所感　第24号　２００７年10月５日）

※参考　ホームページ「家庭の医学」、「脳梗塞」

事故再発防止対策の遵守と実践を願う

本年（２００７年）５月初旬に発生した入浴中の事故で、ご逝去された岡村さんの「四十九日」が間もなくやって来る。改めて、ご本人のご冥福を心よりお祈り申し上げる。総合施設長として、ご遺族の了解が得られるのであれば、お参りに行きたいと思っている。

さて、過日本事故の事故「再発防止委員会報告書」を全職員に配付させていただいた。ご覧になったことと思うが、この委員会は事故後7回にわたって会議が行われ、相当激しい議論の末に原案を作り、その後、その原案に対して運営委員会のご意見をいただき、さらに事業団理事長に承認をいただいたものである。従って、網羅されている様々な対策は、いわば理事長の業務命令だと思っていただきたいと思う。また、行政監督庁の北海道にも提出し、「公」に太陽の園としての意思を発表したものであり、この対策には議論の余地は全くない。

私たちの対人サービス支援業務は、外部から見るより遥かに難しいものだと、私は日頃より思っている。しかし、困難だからといって投げ出してはならないし、いい加減であってはならない。職員一人ひとりが生涯の仕事として選んだからには、その道のエキスパートとしての技量と思想性を持つ必要がある。

「照一隅者是国士」

先日、あるテレビ番組で「マツダ自動車の再生」という番組を見た。同社はここ十数年間、自動車業界の下位に低迷し再建が果たせるかどうか問題の多い会社であった。しかし、昨年度に見事に復活し、大幅に業績を伸ばし、国際的に高い評価を受けた。その社長室に「照一隅者是国士」（しょういちぐうしゃこれこくしなり）という中国の故事が「社是」として掲げられていた。組織の片隅を照らす職員は、社長に匹敵するという意味だと思う。

つまり、当施設に置き換えて考えると、各所属や各居住寮の職員一人ひとりが、それぞれの立場（職種）で、利用者に対する「より良いサービスとは一体何か？」と、常に探求し、研究し実践するならば、これすなわち施設長に匹敵するという意味に私はとった。

しかし、注意をしなければならないのは、単に自らの経験主義に基づく一方的なアプローチだけでは良い仕事はできない。常に、その経験や知識を基礎として、時代の変化と利用者や家族のニーズを踏まえて実践していくことが重要であると言える。

マツダの躍進は、世界に冠たる「ロータリーエンジンの絶え間ない開発」という思想性に立脚し、職員一人ひとりが現時代感覚と消費者ニーズに応じた問題意識を持ち、各部門が実践し、開発した結果だと言えるだろう。つまり、「照一隅者」の集積または結集が成功した鍵ではないかと私は思っている。

施設のマニュアル全てを見直す

さて、今回の主な改善策は、浴室の事故に伴う利用者への入浴サービス支援体制の大幅な変更と利用者の健康状況等の把握が柱となっているが、そのマニュアルは膨大であるために、できたものから随時配付していきたいと思っている。しかし、今回からは皆さんにペーパーを配付するだけではなく、徹底して学習会を開催し中味を周知することを義務づけた。というのは、各学習会の席で様々な疑問や意見が出ると思われるが、その議論により内容を深く知ることができるからである。

当たり前と言えば、当たり前のことである。しかし、これまでの各種マニュアル等は、単にペーパーやCDロム等を各所属に配付し、あとは職員各自が随時見るようにとの指示であった。これでは「太陽の園にはマニュアルがありますよ！」、「職員には周知しましたよ！」と、一種の証拠づくりと言われても仕方がない。また、職員も相当入れ替わっていることから、「そんなものは見たことも、聞いたこともない」という職員がいることも事実である。これでは何のためのマニュアルなのか、まさに形骸化してしまっていると言っても過言ではない。

また、管理職たる者は、常に危機管理の意識を持たなければならず、マニュアルの内容をいかに各職員に理解してもらうかを考えなければならない。時々、太陽の園として適切な指示がなかったなどと責任転嫁する風潮があるように思うが、管理職は与えられた大枠の材料をいかにして料理するかを柔軟に考えるものだと私は思っている。

また、事故直後に行政機関に提出したマニュアルも、その内容の具体性、個別性に欠ける所が多く、見直しが必要との指摘もあった。これらのことから、当施設のマニュアル全てを見直すことにした。時間を要すると思われるが、皆さんの協力を得て改善を図って参りたいと考えている。

次に、最近では各業界はもちろん、私たちの福祉分野においても支援マニュアルの重要性が取り上げられている。私自身も、いつの間にかマニュアルの必要性に感化されてきている。では、「一体、マニュアルとは何か」の基本を考えてみることにしよう。辞書によると様々な解釈があるが、どうやら「機器・装置の使用説明書の小冊子または手引き書」というのが本来の意味で、徐々に拡大解釈されて、「接客マニュアル」とか「支援マニュアル」などに変化してきたようである。

つまり、私たちの業界の支援マニュアルは、お客様（利用者）に適切なサービスが行われるように、支援項目ごとの説明書または手引き書であるということになる。しかし、電気機器や装置のマニュアルは、その指示どおり操作しなければ機器は動かないが、対人サービスのマニュアルは全てが手順どおりに行かない場面が多くある。最終結果は同じであっても、そのプロセスが、対応する職員の違いや利用者の障害程度や身体的機能の違いによって大きく変化するものだと思う。つまり、マニュアルとは基本的または標準的、模範的な対応の指針と言うことができる。

マニュアルどおりがトラブルの原因

先日、ある医療機関の事務長さんから、こんなお話を聞くことができた。その医療機関では、最近、窓口職員の接客対応が悪いと苦情が多く寄せられ、早速検討した結果、「お客様（患者さん）には『笑顔』で対応しよう」とマニュアルを作成し、実行することになった。

ところが、ある日、窓口の職員がお客様の「いわゆる下《しも》の内容」に関する説明を、マニュアルどおり笑顔で対応した。その結果、お客様から「私にとっては恥ずかしいことなのに、笑って説明するとは何事だ。人を馬鹿にしているも甚だしい」と医療機関側に苦情が寄せられたそうである。

窓口の職員は、おそらく何も悪気はなく、マニュアルどおり笑顔で対応したと思われるが、そのことが裏目に出たと言える。事務長さんは、「マニュアルを実践するのは難しいものですね」と苦笑いをしていた。

私は、どのようなマニュアルであっても、それを行う場合のＴＰＯが必要だと思っている。つまり、「時」「場所」「場合」に応じた対応が求められるもので、これを無視してマニュアルどおり行うとトラブルの原因となる時もある。

前記の例においても、お客様にとって恥ずかしい事柄、つまり公衆の面前での「Ｐ」（場所）と、微妙な内容である「Ｏ」（場合）が、通常と違っていたことから、マニュアルどおりの笑顔の接し方は不適切な対応であったわけである。

私たちも、コンビニ等でマニュアルどおりに接客されることがあるが、時には何か違和感をもつことがないだろうか？　ＴＰＯはとても大切な事柄である。

繰り返すが、対人マニュアルはあくまで基本的または標準的な手順に過ぎない。従って、マニュアルどおりに対応すべき場合、マニュアル以上に対応すべき場合、マニュアル以下で対応すべき場合、その判断をするのはその場面に直面する「職員のあなた自身」である。

次に、私たちの業界にこのマニュアルが一般化したのは「いつ頃」なのかについてお話しする。従来、先進福祉施設では「支援の指針」として作成されていた所は一部見受けられたが、あまり一般的ではなかった。それは、措置費制度に基づく利用者の指導、訓練の考え方が根強くあったからで、支援とかサービスという理念が確立されていなかったことに起因する。

しかし、2000年に社会福祉事業法が社会福祉法に改められ、その第78条に「社会福祉事業の経営者は、自らその提供する福祉サービスの評価を行うこと」とされ、また、知的障害者更生施設等の設備及び運営に関する基準の第78条第3項に「指定知的障害者更生施設は、その提供する指定施設支援の質の評価を行い、常にその改善を図らなければならない」とされている。

そこで出てきたのが、施設における「サービスの自己評価基準」である。この評価基準は数十項目から構成されており、その各項目に「マニュアルの有・無」が出てきたのである。太陽の園では、日常生活支援標準マニュアル等を2002年度中に作成し、翌年の支援費制度の始まった2003年4月から、職員にマニュアルの遵守が義務づけられ現在に至っている。

マニュアルを実践して改善していく

以上、支援マニュアルについて種々述べてきたが、どのような素晴らしいマニュアルを作ったとしても、一人ひとりの職員が確実に実践しなければ「宝の持ち腐れ」となる。また、一度作成したマニュアルは不変ではない。これを実践していく過程の中で改善していくことによって、さらに精度の高いオリジナル・マニュアルができあがっていくものである。ただ、マニュアルは、決して事故防止対策だけにあるわけではなく、利用者に対するサービスの質の向上を図るためにあることをしっかり認識していただきたい。

ぜひ職員の皆さんには、まずは当施設のマニュアルを遵守し実践し、今以上に利用者のサービス向上に努めていただきたいと思う。

（総合施設長所感　第6号　２００７年6月11日）

第5章　施設利用者の権利擁護

皆さんは、覚えているだろうか。「私たちを抜きに、私たちに関することを決めないで！」という言葉である。これは2006年8月に国連で「障害者権利条約案」が採択される前に、全世界から集まった障害者たちが、議場の各国代表団に向かって上げた声である。この言葉は、障害者の権利を擁護することの原点だと思った。

その後、日本の障害者施策を決定する過程で、障害者の代表者を交えて議論される風潮ができたことは大きな前進である。そして、福祉施設の運営も可能な限り利用者の意見を聞きながら、事業を進めてきている。また、ご家族や利用者本人からの苦情を受け止めるための意見箱の設置や利用者本人の会の発足、利用者向けのポスターや機関紙にはルビ（ふりがな）が付き、写真を撮る場合も本人の同意を得るなどといったことも日常化している。

考えてみると、私たちは、利用者にとって当たり前に行われるべきものが蔑《ないがし》ろにされていたことを反省しなければならないし、他にもまだ検討すべき事柄もあるだろう。

【補足】

２０２３年7月、日本総合研究所は、介護施設の３割が利用者の行動を遠隔で確認できる「見守りカメラ」を設置しているとの調査結果を公表し、新聞のニュースになった。その5割以上が「居室内で事故が起きた際の検証に役立てられる」との回答だが、３割が「プライバシーへの配慮が困難」と答えられたようだ。

導入しない理由も「プライバシーの観点からの懸念がある」とするものも多数見られたという。また、職員の虐待防止に有効とされる意見や、逆に利用者による職員へのハラスメント防止になるという意見もあった。障害者施設での個室化が進んでいるが、果たして「見守り」という名の監視カメラの設置は権利擁護の観点から議論を呼ぶことだろう。

権利擁護委員会と苦情について考えよう

職員の皆さんは、当施設に「権利擁護委員会」が設置されていることをご存知だろうか。この委員会の設置は、２０００年6月に社会福祉事業法が社会福祉法に改正されたが、その第82条が根拠となっている。

第82条には「社会福祉事業の経営者は、常にその提供する福祉サービスについて、利用者等からの苦情の適切な解決に努めなければならない」と定められている。

当時の厚生省はこの法律を受けて、同年「福祉サービスに関する苦情解決の仕組みの指針」を策定し、各事業所は苦情解決の仕組みを規定し、苦情解決機関を設置するように義務づけた。この指針の中の設置目的には、次の2項目が記されている。

＊苦情への適切な対応により、福祉サービスに対する利用者の満足感を高めることや早急な虐待防止対策が講じられ、利用者の権利を擁護するとともに、利用者が福祉サービスを適切に利用することができるように支援する。

＊苦情を密室化せず、社会性や客観性を確保し、一定のルールに沿った方法で解決を進めることにより、円滑・円満な解決の促進や事業者の信頼や適正性の確保を図る。

つまり、事業者は利用者やご家族の福祉サービスに対する苦情をしっかりと受け止め、第三者委員会を配置し、その苦情の内容を客観的な視点で利用者の立場や特性に配慮し、適切に対応しなければならないのである。

太陽の園では、法律に先駆け２０００年4月1日より、その名称を「太陽の園権利擁護委員会」として運営要領を定めスタートした。

同委員会の開催は、年間3回（7月、11月、2月）に実施しているが、２０００年度から現在までの苦情件数は、利用者から2件、ご家族から12件の合計14件が寄せられ、同委員会に諮っている。苦情の内容は、おおむね次のとおりである。

・利用者の預貯金に関する苦情　2件
・利用者に対する職員の暴行に対する苦情　1件
・利用者の怪我に関する苦情　2件
・利用者の施設に対する負担金に関する苦情　2件

・利用者の地域生活実習に関する苦情　1件
・利用者の衣類等に関する苦情　1件
・利用者の成人施設移行に関する苦情　1件
・利用者に対する職員の暴言に関する苦情　1件
・利用者同士のセクハラに関する苦情　1件
・利用者に対する食事提供に関する苦情　1件
・利用者の選挙行為に関する苦情　1件

この苦情の内、2件が「施設側」と「苦情申立者」の双方で解決できず、北海道福祉サービス適正化委員会に苦情が申し立てられ、解決まで長時間を要した。また、その内の1件は「民事調停」となり、施設側が賠償金を支払った。

利用者に対する「敬称づけ」

総じて言えることであるが、苦情申立者である利用者やご家族の、福祉サービスを受けるために利用料を施設側に支払っているという権利意識は相当強いものがある。従って、施設側が提供するサービスの品質が粗悪であったり、職員の対応が不適切であったり、契約事項に違反する場合は、苦情が寄せられるのは、ある意味では当然と言える。

中でも、とても気になるのは「職員による暴力や暴言」である。私は着任後から一貫して、この種の権利侵害があってはならないと言い続けてきた。先月からは、利用者に対する「敬称づけ」のキャンペーンを始めている。職員の皆さんは、このキャンペーンを決して軽くとらえないでほしい。なぜなら、私たちの業務の原点であるからである。

私は、なぜ施設職員が利用者を「呼び捨て」にするのかが、どうしても理解できない。多くの職員は、それを「いけないこと」と分かっていながら、互いに注意し合うこともしない、また、上司も指摘できないことが原因の一つではないかと思う。

権利擁護委員会は、基本的には苦情に対する適正な対応の是非について協議していただく第3者機関であるが、併せて施設内で発生した大きな事故も報告している。2年前に発生した利用者の熱傷事故も、未だに最終的な解決に至っていないので逐次経過報告をしている。また、本年5月に発生した利用者死亡事故についても詳細に報告をした。

また、前回の委員会では「利用者負担金の請求書が遅い」とか「急遽帰園した時の食事提供がなされない」などの些細な要望や不満は、果たして苦情なのか否かの議論になった。

確かに、日常生活全般の支援に対する家族からの不平や不満は数限りなくある。おそらく担当者の段階で「申し訳ありません。今後は十分注意いたします」と言うことで、解決されていることが多いのではないかと思うが、必ず上司に報告しておく必要がある。

正式な苦情とするか否か

厳密に言うと、どのような些細な要望や不満等であっても、苦情として対応する場合には、相手側にその内容を「正式な苦情として取り扱いますか？」と聞かなくてはならないことになっている。つまり、正式に受け付けられて初めて委員会に苦情としてテーブルに載せられ協議が開始されるわけである。しかし、些細な要望や不満に対して「苦情としますか？」なんて聞くと、「そんなに堅苦しくしないと、改善されないのですか？」と、かえって問題を複雑にし、今までの良好な信頼関係が崩れる恐れがある。

そこで、私は要望や苦情の内容が比較的に軽易な場合は、あえて正式な苦情とするか否かを聞く必要がないと思っている。ただ、要望や不満等が重要と思われる場合は、正式な苦情として取り扱う必要がある。その辺の判断が担当者レベルで困難な場合には、相手側から一端内容をお聞きした上で「上司と相談させてください」と伝えることが必要である。

いずれにしても、どのような些細な要望や不満でも苦情として判断したものは、全て「苦情受付書」に記載し報告していただきたい。苦情解決は、小さな事柄を丁寧に、誠意をもって対応することから始まることを忘れないで欲しい。

苦情はないことが一番良いわけだが、対人サービスの職場においては、苦情は大なり小なり避けて通ることはできない。企業などでは、最近、苦情をプラス思考でとらえている所が少なくない。これまで苦情は企業イメージを悪くするという考え方が普通であったが、苦情は見方によっては様々な新サービス開発の要素が秘められており、消費者の多様なニーズに応えるチャンスでもあるという考え方に変化してきている。

私たちの職場においても同様なことが言えるのではないだろうか。つまり、これまで何気なく長い間正しいと思って行ってきた支援も、社会情勢や社会的価値観の変化、法制度の改正などにより、その対応を変化させなければならないが、未成熟であったり不十分であったりする場合がある。従って、相手側の苦情に妥当性、優位性がある場合には真摯に受け止め、早急に解決を図っていくことが必要なのではないだろうか。

（総合施設長所感　第16号　２００７年８月３日）

利用者の権利擁護について考えよう

1　国内外で「権利擁護」の社会的な機運が高まる

私たちが働く福祉サービスを提供する分野では、近年になって目まぐるしく「個人の尊厳」「利用者の意思の尊重」「権利擁護」「個人情報保護」などの難解な言葉や制度が現れてきた。

しかし、これは日本だけではなく国際的な潮流と言える。その根底には世界的に共通する人種差別、女性差別、子供の人権、障害者の権利などの問題が顕在化してきた背景があるからである。国連で、こうした問題を改善するために国際条約を制定し、加盟する各国に国内法を整備して批准するように働きかけてきたことが大きく影響している。

日本においても、人が生きていくための基本的な権利である「生存権」や「生活の安全・保障」「社会への帰属」「尊厳ある生活」「自己実現」などが守られなければならないという「権利擁護」の社会的な機運が高まり、近年、その必要とされる関係法の整備や既存の法律を大幅に見直し現在に至っている。従って、私たち職員は、利用者への日常的な支援活動においても、常に権利擁護を念頭において業務を行わなければ、福祉サービス提供の専門職として認められない厳しい時代に入っている。

２　近年の権利擁護等に関する法整備等

１９９９年10月　地域福祉権利擁護事業実施　判断能力不十分者の自立支援
２０００年４月　成年後見制度施行　判断能力不十分者の権利擁護
２０００年４月　介護保険制度施行　措置から契約へ
２０００年６月　社会福祉基礎構造改革　弱者救済福祉から権利としての福祉へ
２０００年６月　社会福祉法の施行　利用者保護の仕組み、苦情解決等
２０００年11月　児童虐待防止法施行　児童の人権擁護
２００１年４月　消費者契約法施行　ＰＬ法、個人の権利行使
２００１年10月　ＤＶ法施行　配偶者等からの暴力防止
２００３年４月　障害者支援費制度施行　措置から選択契約へ
２００４年６月　障害者基本法の大改正　障害者の差別禁止明文化
２００５年４月　個人情報保護法　個人の権利擁護
２００６年４月　地域包括支援センターの設置　高齢者の人権擁護

2006年4月　障害者自立支援法施行　施設から地域生活推進
2006年4月　高齢者虐待防止法施行　高齢者の人権擁護
2007年9月　国連の障害者権利条約に日本が署名

こうして、日本の権利擁護に関する法制度の歴史を見ると、2000年を境にして大きな変化が見られる。

＊1999年までの権利擁護は「事後的権利擁護」と言える。それは、権利侵害からの保護、救済、予防という意味が強い傾向があった。

＊2000年以降の権利擁護は「事前的権利擁護」と言える。それは、日常的な意見傾聴とその反映を通して、サービスの向上に結びつける手法に転換され、より権利意識が拡大された。

3　社会福祉援助における権利擁護（アドボカシー）とは何か?

社会福祉サービスを受けている利用者が、自分の権利を表明することが困難または不十分な、児童、障害者、高齢者などに代わって、その代理人または福祉サービスを提供する職員などが権利を表明する、または擁護することである。

4　権利擁護の範囲

①本人の適切な権利の行使の支援　利用料金の対価サービスが劣悪　職員の対応等
②本人への権利侵害の救済、解消　施設などで起こる虐待・いじめ等の苦情申し立て等
③本人への権利侵害の予防、保護　虐待防止やサービスの質の向上　成年後見制度等
④本人の権利の保障の実現　法制度等の整備等

5　福祉施設における権利侵害と考えられる内容

①本人の意思を無視した施設入所　②画一的、集団的支援　③異性による身辺介助　④差別的言動と体罰　⑤呼称　⑥選挙誘導　⑦見学者によるプライバシーの侵害　⑧帰省の拒否・強要　⑨利用者の年金等の管理　⑩寄付金の強要　⑪判断能力の無い人との契約行為

6　国連の「障害者権利条約」の批准

2009年2月、政府は障害者権利条約の批准に向けて、条約の日本語版を3月に、国会に提出することが報道された。批准する条約は憲法よりも下位にあるが、一般の法律よりも上位の効力を持っている。現在、すでに世界の47ヶ国が批准している。

批准にあたり、国内法の改正は障害者基本法の見直しが必要であるが、各障害者関係法にも影響してくる。障害者の関係団体では「障害者差別禁止法」の早期制定を求めている。

7　成年後見制度

この制度は、2000年4月1日に、介護保険と同じ日に施行され、判断能力の不十分な認知症高齢者、知的障害者、精神障害者の権利擁護を行う国内法で唯一、法律によって本人の権利が護られるものである。

この取り扱いは、本人が居住する管内の家庭裁判所である。制度の申し立てができるのは、4親等以内の親族で、後見人等は本人を十分支援できる人ならば誰でもできる。その業務は、本人の財産管理と身上監護（施設入所などの法律行為による契約書の締結など）である。後見人等は、本人の判断能力の常態・程度に応じて、保佐人、補助人に類型化され、本人も被後見人、被保佐人、被補助人となる。

８　地域福祉権利擁護事業

この制度は、１９９９年10月より都道府県の社会福祉協議会や市町村の社会福祉協議会で実施され、最近では「福祉サービス利用援助事業」とも呼ばれている。

この事業を利用できる方は、認知症や物忘れのある高齢者、知的障害者、精神障害者で、利用者本人と社会福祉協議会で契約する。ただし、安価であるが有料となる。また、法律行為が伴う援助は成年後見制度になるためにできない。

利用できるサービスは、①福祉サービスの利用援助、②日常的な金銭管理サービス、③書類等の預かりサービスなどである。

９　職員の約束８項目（業務指令書）

私が、太陽の園の総合施設長在任中の２００７年９月に、当施設の家族の会連合会長より、連続して発生している利用者の事故死、怪我等に対する改善の申し入れ書が届いた。その文中に「職員が、家族が側にいるにもかかわらず、利用者をどなりつけたり、乱暴な言葉で指示している場面が見られる」とご指摘をいただいた。私は、未だにそのような職員がいることが残念でならなかった。

そこで、全職員に次に示す「職員の約束8項目」を業務指令書として周知し、併せて「遵守の同意書」を求めた。もちろん、罰則などはない。その同意書には、「職員間において、遵守されていない状況を目撃した場合には、その場で注意を促したり、職員同士が互いに牽制し合う環境づくりに努力します」と追記した。同意書の提出率は97％。数人の職員は同意書の提出を拒んだ。問題の根深さに戸惑いを感じた。しかし、その後、北海道知的障害者福祉協会が「人権侵害ゼロへの誓い」を宣言し、加入施設の職員がこれに署名を求められ、職員の全員から同意を得られた。この違いはなぜなのだろうと疑問を感じた。きっと、私の不徳の致すところなのだろう。

職員の約束8項目

私たち職員は、利用者に対する「話し方」や「接し方」などについて、次のとおり行なうことを約束します。

・私たち職員は、利用者に対して、朝・昼・夕に、しっかりとした「挨拶」を行ないます。
・私たち職員は、利用者の名前を「呼び捨て」にしたり、「愛称」などで呼ばないことにします。必ず、名字か名前に「さん」をつけて呼ぶようにします。愛称で呼ぶときには、本人や家族の同意を得ます。

・私たち職員は、利用者に対して「ひやかしたり」「ちゃかしたり」「からかったり」「ばかにする」などのような言い方は絶対にしません。

・私たち職員は、利用者をむやみに「どなったり」「しかりつけたり」などをせず、常に優しく接することにします。

・私たち職員は、利用者に「暴力をふるったり」「乱暴な言葉」で接することは絶対にしません。

・私たち職員は、利用者の健康管理には十分気配りし、怪我や病気になったときは、必ず家族に連絡をして理解と協力を得ます。

・私たち職員は、利用者に「何かをしてもらいたいこと」がある場合は、必ず説明をして、「お願いします」と言います。

・私たち職員は、利用者の「要望」や「希望」などには、できるだけ応えるように努力をします。

障害者権利条約について考えよう

日本知的障害者福祉協会の機関誌「サポート」（1月号）は、この障害者権利条約の特集であった。ご覧になった方々も多いと思うが、私たちの仕事にとって大変重要なことである。難しいことだが、皆さんとともに考えてみたい。

ご承知のとおり、この条約は２００６年12月に国際連合の総会で採択され、２００７年3月より各国政府による署名開始（国家が条約に賛同する行為）と、批准（国家が署名した条約を最終的に確認し同意する手続き）が始まった。

障害者の関係団体においては、日本政府の早期署名が待たれていたが、同年9月28日、当時の高村外務大臣が国連で条約に署名をした。しかし、署名しただけでは国内に法的な効力を持たないので、日本政府は今後、批准に向けて条約内容に応じた国内の法制度の整備が必要となる。

「医学モデル」から「社会モデル」へ

さて、この障害者権利条約は国際人権条約の中の一つであり、すでに日本では、自由権条約、社会権条約、人種差別撤廃条約、拷問等禁止条約、女性差別撤廃条約、子供の権利条約を批准しており、現在、署名した障害者権利条約の批准に向けて、外務省や法務省、警察庁などの9省庁で構成した「障害者権利条約に係る対応推進チーム」を発足させ協議に入っているという。

障害者に対する本格的な対応がスタートしたのは、１９８０年の「国際障害者年行動計画策定」に始まり、そのスローガンは「完全参加と平等」であり、「ノーマライゼーション」という理念も出現した。そして、１９８３年からは「国連・障害者の10年」が始まった。これらはすでに25年以上前のことで、懐かしい歴史と言える。ただ、このような理念や思想性は、確実に日本の障害児・者の法制度を変化させたことは間違いない事実である。

しかし、２００６年頃より、障害問題は障害のある個人の問題ではなく、むしろ平等な機会を与えようとしない社会の問題であるということが世界的に認識されるようになって、これまでの障害に対する「医学モデル」から「社会モデル」への転換が求められるようになった。

「医学モデル」とは、障害のある人の権利や平等が妨げられるのは、その人たちに機能障害があるからであり、社会や国家は何ら差別的な取り扱いや権利の抑圧をしているわけではないと考えられていた。
「社会モデル」とは、障害を個人の有する機能障害だけの問題ではなく、むしろ社会全体の態度（差別や偏見等）や環境との相互関係に起因するものであって、機能障害のある人が他の者との平等を基礎として社会に完全かつ効果的に参加することを妨げるものから障害問題が生じるとされている。

つまり、このような歴史的経過を見ると、はじめは、ノーマライゼーションに代表されるように、障害を有する人たちを排除する社会に対する否定的態度として、人間の基本的人権や平等権の保障等という抽象的概念としてとらえられてきたが、近年においては障害が、性や人種等と同様の「人間の具体的属性」としての現実の不平等や社会的排除が見落とされていたことに対する再認識に変化してきた。

もっと分かりやすく言うと、障害のある人がいない社会は存在し得ないし、障害があることは、人間の多様な生き方の一つの形態であるとする考え方であり、生まれながらして享有されているはずの基本的権利や平等の権利が実現されないのは、社会と国家に問題があるという理念が普遍化してきたと言えよう。

未だに差別禁止の法整備が不十分な日本

しかし、我が国においては、未だに「障害者差別禁止」に対する法律の制定は実現していない。唯一あるのは、２００４年に制定された障害者基本法の第３条第３項に「何人も障害者に対して、障害を理由として、差別すること、その他の権利利益を侵害する行為をしてはならない」と定められているが、差別とは何かの概念の規定がなく罰則もない。ただ、理念だけを謳っただけで実効性がないと指摘されている。もっともな話である。

国際的には、障害者差別禁止法が制定されている国は約40カ国、昨年の７月にはお隣の韓国でも制定され注目されている。だが、これまで最も注目されたのは、皆さんも知ってのとおり、１９９０年に制定された「障害をもつアメリカ人法」（ＡＤＡ）である。当時の日本では「障害者差別撤廃法」と紹介されたが、この法律は、現存する差別をなくすだけでなく、今後生じる得る差別をも視野に入れたもので、合理的な配慮という視点からも世界的な規模で注目された。

２００２年10月に、札幌市でＤＰＩ（障害者インターナショナル）の世界大会が開催されたことを皆さんは覚えているだろうか。私は参加できなかったが、大会最終日の決議文には、日本における障害者差別禁止法制定の早期実現が明記されていた。
日本の多くの障害者が、未だに日本には法律的にも社会的にも差別は現存していると主張している。私も、そう思う一人である。特に知的障害者に対する人としての尊厳や権利、意思の尊重は十分ではない面が私たち業界の中にも存在する。また、私の前任地でも知的障害者に対する差別や偏見によるトラブルも幾つかあった。その事例など、機会を見て紹介しよう。

また、この障害者権利条約と障害者自立支援法を見た場合にも幾つかの問題がある。支援費制度の名のもとに契約制度ができたが、セールスポイントであった「自己決定と自己選択」が可能な制度と言われていたにもかかわらず、契約締結にあたり、どこに自己決定や自己選択があるのであろうか。そして、選択できるほど社会資源が整備されたであろうか。さらに、福祉事業を市場経済化したことによる弊害として経営主義の出現、当施設においても収入万能主義に変化してきていることは、基本的には国策によるものである。

今、政府は様々な観点から批准のための検討を行っている。関連として、自立支援法や民法（成年後見制度を含む）、公職選挙法（現行法改正済）などの改正も出てくるだろうし、障害者虐待防止法の制定もあるだろう。

いずれにしても、日本がこの障害者権利条約を早期に批准し、各関係法律の制定や改正を行わなければ国際的に福祉後進国としての扱いを受けざるを得ないであろう。

私たちは今、障害者支援の最前線で仕事をしている。批准や法制度の制定にも注目すべきだが、改めて障害者の権利の思想や理念が変化していることに気づかなければならない。また、こうした社会情勢を無視して支援ができなくなっていることを知らなければならない。皆さんも大いに意見があると思う。ぜひご意見をお寄せいただきたい。

（総合施設長所感　第40号　２００８年２月６日）

※参考　サポート１月号、福祉新聞

判断能力に欠ける利用者の「成年後見制度」を考える

「福祉サービス利用制度」の導入

２０００年の社会福祉事業法等の改正により、従来の措置制度から利用者がサービス提供事業者を選択し、事業者と対等な立場で契約を締結する「福祉サービス利用制度」（支援費支給制度）に改められた。そして、障害者分野の制度では3年後の２００３年度から実施され、各福祉サービス提供事業所は、本人や家族に契約内容や重要事項を説明し、本人と契約書の取り交わしが行われ、新たな理念の下にサービスが開始された。

しかし、多くの障害者施設においては、判断能力に「欠ける」または「不十分」と思われる利用者である場合には、親族等が代筆して契約の締結が行われている。当施設においても、利用者の多くが知的障害または精神上の障害で契約の内容が理解できない人たちである。一般的に、福祉サービス利用の契約内容については、家族にも十分説明し連携を図ることが必要とされているが、民法では家族が、成人に達している本人に代わって契約の締結をすることはできないとされている。たとえ本人が障害を有していても同様である。

本人が障害を有し、契約の意思能力や行為能力があるか否かについては別要素の問題である。

一方、法務省では、２０００年４月から精神上の障害により判断能力に「欠ける」もしくは「不十分」な高齢者や障害者の権利擁護のために、民法の一部を改正し成年後見制度（以下、「本制度」と言う）を創設した。

この制度は、前述した新しい社会福祉の時代に対応すべく、障害により意思決定が困難な成年者を法律面や生活面で支援するもので、本人の自己決定の尊重やアドボカシーの理念と、本人保護の理念の調和を主旨としているものである。従って、本人が自分の財産管理ができなかったり、福祉サービスを受けるための利用契約の内容が理解できない場合は、４親等以内の家族等が本制度による申し立てを家庭裁判所に行い、裁判官の審判により成年後見人や保佐人または補助人が選任され、その選任者が本人の代理権に基づき利用契約を締結することになる。

言うまでもなく、福祉サービス利用契約も他の消費者契約と同様に法律行為である。しかし、これまでの間、利用者に判断能力が不十分な場合においても、施設側に家族が本制度を利用したいとする申し出は極めて少なく、また、施設側においても本制度利用の是非は家族の判断であるとする考え方があり、進んでいないのが実状である。

加えて、厚生労働省は支援費制度が開始された直後のQ＆Aで、「契約にあたり判断能力の不十分な利用者に対しては、成年後見制度利用を必要条件とするのか」の問いに対して、「福祉サービスの利用契約にあたって本人に判断能力が不十分である場合は、家族による契約締結もありうる」としたコメントを出した。違法性があるのにもかかわらず、なぜ、このように回答したのかの理由は不明であるが、これにより家族や事業所の本制度に対する関心が一層希薄になっていったことは否めない。

近年、社会福祉法人や福祉施設での様々な不祥事が表面化し、法令遵守（コンプライアンス）することが強く求められているが、私は、これまで述べてきた「判断能力の不十分な障害者」の福祉サービス利用契約を、本人に代わって家族が締結し事業所がサービスを提供していることが、法令に違反しているのではないかと思っている。

しかし、私たち現場に携わる者としては、違法であったとしても、家族の考えを十分聞くとともに、本人の判断力の状態などを踏まえた協議が必要であると考える。また、家族には本人の契約行為に対する法律的意義、つまり、福祉サービスを受けたいとする「申込みの意思」と「承諾の意思」が必要であることも理解してもらわなければならない。本レポートでは、こうした判断能力の不十分な利用者の権利擁護の観点から、本制度の利用に向けての課題を整理し、改善すべき点、解決すべき点などを考えてみたいと思う。

現状分析と課題

（1）成年後見制度に対する職員や家族の認識

本制度は、介護保険制度と同時に２０００年4月に実施された。当時は、社会福祉基礎構造改革、介護の社会化に伴う介護保険の導入、認知症高齢者の増加、高齢者や障害者の権利擁護、高齢者等の詐欺商法被害の増加などの背景があり、旧民法の禁治産や準禁治産制度を、時代に即した抜本的な改正を必要とする時期にあったと言える。

しかし、社会福祉制度は厚生労働省、本制度は法務省であったことから、なかなか福祉分野では一般化しない傾向にあったし、現在も同様な状況が続いていると言える。厚生労働省は、改革する福祉制度と本制度が密接に関係することから、障害者自立支援法などで一定度の普及促進を図ろうとしている。しかし、その実務の多くは、司法関係者や家庭裁判所に限られている。特に北海道の障害者相談支援センターでは、本制度の利用については、今後の大きな課題であるとしている。

また、他の福祉関係者においても高齢者や障害者等の権利擁護に関連する重要な制度であることは十分認識されているが、施設現場等においては、制度利用の現実的な必要性を見出せない状況があるのではないかと思われる。

当施設では、これまで機関紙等で本制度の内容やその必要性について利用者や家族に周知したことはない。また、本制度に対する職員の内部研修を一度開催したことがあるが、実効性は上がってはいない。従って、職員や家族の本制度に対する認識度は未知数だが、私の前任地では職員の約7割が「制度は知っているが、詳細についてはよくは分からない」、家族については、約5割が「制度を知らない」と回答された。おそらく当施設においても調査をすると、大差のない結果になると推測する。

（2）成年後見制度利用の必要性

現在、当施設において本制度を利用している利用者は1名のみである。この利用者は、知的障害の最重度で判断能力に欠ける状況であり、父親は死亡、母親は特別養護老人ホーム入所、兄弟姉妹も遠方に居住しているために、近隣町内の司法関係者が成年後見人として利用契約及び金銭管理の委任契約を行っている。年間に数回施設に来訪し、本人の金銭管理の状況や介護状況を確認するほか、生活に必要な機器や器具の購入の必要な時には後見人に許可を受けている。

また、本人の健康状態に異変がある場合にも後見人に連絡をしている。つまり、後見人は判断能力のない本人に代わって、金銭が適正に使用されているか、契約書どおりに支援や介護が適正に行われているかなどを家族に代わって確認し、家庭裁判所もその報告を求めている。

では、本制度を利用していない他の判断能力の不十分な利用者の家族との関係においては、何か違いがあるのだろうか。これらの利用者の多くは、支援費制度の開始以前より入所していた方たちで、制度変更時においても、家族は入所継続を何ら抵抗なく求めていたことから、内容を事前に説明し来訪や郵送での形式的な契約締結であった。つまり、成年後見制度を知っているか否か、または本人の判断能力の是非よりも、入所を継続させてもらわなければ家族が困るという大前提の現実があった。従って、家族にとっては、支援費制度で謳われている「利用者の権利擁護」や「利用者がサービスの選択ができる」という理念の論議は、およそ非現実的で不必要なことであり、まして、本制度を考えるなどの状況にはなかったと言えるのではないかと思う。

一方、施設側においては、措置制度から支援費制度に大きく変わり、利用契約の締結や報酬が日額制に変更、サービス自己評価の義務、苦情の受付義務などで、より利用者本位のサービスに変化し、日常の介護や支援業務の中で本人の意思尊重や権利擁護の実践が確実に行われてきたと言える。

また、家族との関係においては、措置制度時代から長年にわたり築き上げてきた信頼関係があり、継続利用契約にあたっては、改めて本人の判断能力の是非や本制度の利用を勧められる余地はなく、従来どおりの身元引受人として家族が代筆し利用契約の締結が行われた。つまり、こうした現実の姿を見ると、家族側、施設側の双方にとって、成年後見人等が契約を締結することが真に必要なのかという疑問が沸いてくるが、さらに、本制度の優位性を考えていかなければならないと思っている。

（３）利用者の財産（金銭）管理上の問題

本制度は、判断能力が不十分で意思決定が困難な障害者等の財産管理や身上監護を家庭裁判所が選任した後見人等が本人に代わって行うものである。これまで述べてきた福祉サービスの提供を受けるための契約行為は、身上監護の範疇に入るものであるが、福祉施設では、もう一方の財産（金銭）管理の上でも本制度の利用が必要とされることがある。

多くの施設では、利用者の預貯金を本人及び家族から委任を受けるなどして、有償もしくは無償で管理している実態がある。当施設においても同様の委任行為を実施し無償で管理している。本来的には、本人または親族が管理するもので、施設が行う業務ではないが、様々な事情で施設側が管理せざるを得ない現実があり、また、そのことによって多くの問題も現れてきている。特に判断能力の不十分な利用者の金銭管理については、その管理委任契約の法的根拠や家族からの借用の依頼の対応に苦慮している現状がある。

まず、問題の第一は、金銭管理は家族との委任契約である。これも前述した福祉サービス利用契約と同様に、法律的には20歳（現在18歳）を過ぎた成年の預貯金管理を家族の一存で第３者に委任する行為はできない。唯一可能にするためには、利用者の成年後見人等になって施設側と委任契約をした場合に限り法律的に有効である。

しかし、この委任行為は、どこの施設でも古くから家族との信頼関係の下で慣行的に行われており、そのことが時には役職員による不正使用が発覚し、社会的な事件として大きな話題になったことが北海道でもあったし、他県でも見られた。

当施設においては、厳正に管理し不正を生むような仕組みにはなっていないが、絶対にあり得ないとも断言できない。要支出の度に施設長がチェックしている。

このような、法的にあいまいな委任契約が継続する中で第2の問題につながる。それは、委任された家族から利用者の預貯金より多額の金額を借用したいとする「申し出」が施設長にあることとである。この委任契約はもともと合法的ではないために、利用者と他人である施設長が勝手に家族の「申し出」を許可する権限は一切ないが、家族は施設長に承諾を求めてくる。その借用金の目的の多くは、家族自らの借金の返済や生活苦などによる支援である。

判断能力のない利用者本人は、金額の多寡や承諾の意思表示もできないために、最終的には施設長が判断しなければならない。断ることも可能であるが、家族とのこれまでの信頼関係が崩れる恐れもある。仮に、施設長が承諾しても、後日、別の家族から苦情が寄せられた場合にはトラブルになることは必至である。そうなると、施設長の責任問題に発展することもあるだろう。

そこで、私は借用を承諾するにあたり、依頼のあった家族からの申立書や借用書、返済計画書はもちろん提出してもらうが、他の家族全員の承諾書を得た上で支出することにしている。しかし、こうした配慮をしたところで施設長の行為の違法性は免れないが、現状ではこの方法しかないと思っている。

従って、私は判断能力のない利用者の金銭管理においては、本制度を利用して実施すべきであると考えている。仮に、利用者の家族が後見人等になり、その後見人または他の家族が、委任管理をしている施設長に金銭の借用の申し出があったとしても、施設長が結論を出す必要がなくなる。つまり、後見人が申し出てきた場合には家庭裁判所に判断を委ねればよく、他の家族の場合には後見人に判断を委ねればよいことになる。福祉施設ではよく聞く話であるが、多くの施設長は、この問題では大変苦慮しているのが現状ではないかと思っている。単純に承諾する施設長はいないはずである。

成年後見制度利用が進まない要因

成年後見制度と類似している事業に厚生労働省が定めた「福祉サービス利用援助事業」がある。この事業も、認知症のある高齢者や知的障害、精神障害などで判断能力が十分でない方の金銭管理や生活に必要な各種契約を支援するものである。実施機関は市町村の社会福祉協議会が行っている。

この契約締結においても、本人に判断能力が不十分な場合は、家族が契約をすることになっている。また、本人の判断能力の有無は社会福祉協議会の専門員が判断するが、それが困難なときは、都道府県の社会福祉協議会に設置されている契約審査会が最終的に判断する。最近では、本人の多額な財産の管理や福祉施設入所などの重要な契約も多いことから、この事業に限界性があるとされ、成年後見制度に移行する事例も増加していると言われている。

このように、成年に達している者との契約は、本人と行うことが前提である。ただ、本人が判断能力の不十分な場合は締結できないし、もちろん、家族が代理で締結することも基本的にはできない。どうしても本制度の利用が必要なこともあるが、福祉施設の利用契約においては、管理者も利用者の家族においても、その必要性は余り感じていないのが現状ではないかと思う。それは、管理者や家族が違法契約であるか否かの認識は別として、次に示す幾つかの要因があるからではないかと思っている。

①家族も職員も、本制度の内容を詳しく知らないこと。
②施設の運営上、利用者支援や家族との間において特段の問題が生じていないこと。
③行政機関の指導監査で、本件に関して何ら改善を求められたことがないこと。
④本制度に対する厚生労働省のスタンスが明確でないこと。
⑤家族に本制度の内容を説明するための時間と費用を要すること。
⑥家族が家庭裁判所に申し立てることに対する抵抗感があるのではと思うこと。
⑦本制度で被後見人になると選挙権が剥奪されること。（現行法改正済）
⑧本制度は、申し立てから審判まで長期間を要し、しかも高額の費用もかかること。
⑨後見人等に報酬を支払わなければならないこと。
⑩家族は、施設入所した以降の制度的な手続きは施設側で対応すると思っており、逆に施設側では、本制度の利用は家族の対応であるとするミスマッチがあること。

課題解決の具体的方法

これまで、当施設における本制度の課題や問題点の提起や、利用が進まない要因を考えてきた。そして、その課題等の解決や改善をするためには、私たち現場で何ができて、何ができないかの見極めをする必要がある。特に本制度の内容で被後見人の選挙権が剥奪されること（法改正済）や、厚生労働省の本制度を推進する基本的なスタンスと方向性、行政の本制度に関する指導監査の指針などは、およそ私たちの手の届かないところであるが、今後、意見を表明できる場があれば主張していきたいと思っている。ここでは、当施設が今後可能と思われる具体的な方法を考えていく。

（1）職員に対する学習会や研修会参加の実施

まず、職員に対して本制度の意義や必要性について学ぶ機会を作らなくてはならないと思っている。その際に重要なことは、本制度の理念だけを学ぶのではなく、現実的な事例を基に、その必要性を理解させ、家族に対してどのようにアプローチする必要があるかの演習的な学習会を実施する。また、家族への意識調査を実施する前提として、その調査内容についても意見交換をする必要があると考えている。さらに、障害者等の権利擁護や本制度に対する外部の研修会には積極的に参加させたいと思っている。

（２）家族への意識調査等の実施

判断能力が不十分な利用者の家族に対して、本制度を知っているか否か。また、本制度利用に関する考え方などについて郵送で調査を行いたいと思っている。そして、その結果に基づき課題を整理して今後の取り組みを検討し、必要に応じて対象とされる家族の研修会の実施も考えたいと思う。また、調査の中で積極的に利用したいとの意向がある家族については、個別にアプローチして具体的に取り進める。その際は、あくまでも家族が主体的に対応することを前提として行っていきたいと思っている。

（３）司法関係者等との連携

これまで福祉関係者は、どちらかと言うと、司法関係者との繋がりは希薄だったのではないかと思われる。私たちは、時折、福祉サービス提供上の業務上過失等によって起訴または不起訴の報道や、被害者家族が損害賠償を求める民事訴訟の話を聞くことはあるが、身近な問題として司法関係機関等と関わることがなかったからである。また、家庭裁判所という存在は、家庭に関する家事審判や家事調停を行うところであることから、日常の業務遂行の中では遠い存在であった。

しかし、本制度の申し立てや審問、審判は家庭裁判所で行われることから、今や身近な機関としてとらえることが必要になってきた。従って、本制度における審判までの過程や、判断能力の有無の基準がどのように定められているのか等を学ぶ姿勢が必要である。また、本制度を専門的に取り扱うリーガルサポートや、都道府県の社会福祉士会との関係をもち、制度利用のための連携が特に必要であると思っている。

（4）私自身の学習

本制度を学んでいく過程で、民法の中の家族法が密接に絡んでくることが分かった。特に親族法における親子、婚姻、扶養、戸籍など、また、場合によっては相続法にも関係することも理解した。私にとって未知の世界の学習であるが、関連する知識を大いに深めていきたいと考えている。

まとめ

数年前に、太陽の園で発生した事故と本制度に関連した事例を紹介してみたい。入所施設の寮内生活で、自閉症であるＡさんは同寮内のＢさんとトラブルになり、Ｂさんは寮内にあった「電気ポット」の口を開き、Ａさんの背中に熱湯を浴びせた。Ａさんは熱湯によるやけどを負い、１カ月間の治療の結果、背中に薄く傷が残った。Ａさんの母親は、施設側に利用者に対する安全配慮義務を怠ったとして提訴し損害賠償を求めようとしたが、Ａさんは20歳を超えていなかったために母親の提訴は困難であったことや、さらにＡさんは重度の知的障害と自閉症で判断能力が不十分であった。母親はＡさんの成年後見人になった上で、改めて施設側の安全配慮義務を争点に提訴した。双方は弁護士を立て争ったが、民事調停で２年後に一定額の賠償金を施設側がＡさんの母親に支払うことで和解した。

リスク管理の研修会に参加すると、こうした事故に類似した提訴が近年大変多くなっていることを感じる。判断能力の有無は、こうした事故の解決にも本制度が大きく影響してくることを学んだ。

成年後見制度は大変難しい制度である。しかし、市民の権利意識が強くなっている昨今、福祉施設においても家族との古典的な信頼関係だけでは乗り切ることができない時代でもある。家族との信頼関係を否定するものではないが、その土台に法令遵守が行われることが、ぜひ必要であると感じている。

最後に、私が問題提起した判断能力のない障害者との利用契約は違法であるとする考え方は、間違っていないと思う反面、この世の中、違法であっても、そうせざるを得ない事情により、社会通念上容認されることもある。そして、その寛容な容認で社会のバランスが取れている側面もあることを否定するつもりもない。しかし、私はこれまで施設を利用している障害者の権利が、家族によって侵害されてきた事例を数多く見てきた。特に本人の財産侵害は目に余るものがあった。今回の所感は、リスク管理研修会の講師の意図している内容と異なったものになったかもしれないが、障害者の権利擁護の一助としての問題提起となればと思っている。

（総合施設長所感　第40号　２００8年2月6日）

【補足】

私は約40年間、主に障害者の入所施設に勤務し、利用者の権利が侵害されないよう支援を行ってきたつもりである。そして、今も成年後見人として障害者や高齢者の権利擁護の仕事をしている。

私がまだ施設職員として駆け出しの頃、利用者の預金から親兄弟の生活費が引き出されていることを知り、父親に、「このお金は、ご本人のものですから……」、と、やんわりと伝えた。すると父親は、「なぜダメなのか？　あんたは障害のある子供がいないから言えるのだろうが、私はこの子が施設に入る前、親として障害を何とか治したいとの一心で北海道内の病院を駆けずり回った。金も相当かかった。親が困っている時に子供が助けて何が悪いのか？」と大声で怒鳴られた。

私は親の心情を理解できないわけではなかったが、本当にこれで良いのだろうかと疑問を感じた。当時は施設長も親から金子《きんす》を求められると、やむなく借用書を提出してもらって認めていた。借用書が何十枚もあったが、返済されることは決してなかった。この出来事が、以降の私の仕事の原点となったと思っている。

おわりに

ご存知のように、昨今、介護職員等の人手不足は深刻な社会問題となっている。２０２２年版の厚生労働白書のサブタイトルにも、「社会保障を支える人材の確保」と強調されている。同白書によると、高齢者福祉分野の介護関係職種の有効求人倍率は、２０２１年には３・64倍で全職種の同倍率１・03倍を大幅に上回っている。また、障害福祉分野においても、同年の有効求人倍率は３・31倍と高水準となっている。

過日、北海道の過疎地域にある特別養護老人ホームの施設長をしている友人と話す機会があった。友人は今、施設経営が危機に瀕しているという。この施設は入所定員が50名だが、現在は35名しか入所者を受け入れられなくて、毎年多額の減収になっているという。その原因は、介護職員不足により勤務シフトが回らないため、やむをえず受入人数を減じているとのことである。友人は、入所を希望する待機者は多数いるが、その希望に沿えず社会的使命が果たせていないと心の内を語ってくれた。まさに、高齢者福祉施設の崩壊を彷彿させるような話に私も心を痛めた。

また、障害者支援施設の施設長をしている友人の話も聞いた。あらゆる手段を講じて職員を募集しているが確保ができないと嘆いていた。特に夜間勤務を余儀なくされる職場のため、ストレスの多い夜勤が敬遠される傾向にあるという。また、採用しても数カ月足らずで辞めてしまう人も多いとのことであった。

この両施設とも、募集にあたっては介護等の有資格者を原則としているが、現在は資格は不問としている。それでも応募は極めて少ないという。こうしたことは、当然ながら現有職員の勤務シフトがハードになり、退職者が増加する原因となり、悪循環である。

ある作家の本に、こんなことが書かれていた。「介護職は最後の手段という人がいる。これは、どうしても仕事が見つからない場合、仕方なく就く職業という意味だ」と。どこかで聞いたような話だが、求職者にとっては一般的に言われている「きつい」「汚い」「危険」「給料が安い」という、いわゆる4Kの福祉施設の応募は最後の砦なのかも知れない。しかし、私は、現在懸命に日夜介護等にあたっている多くの従事者に対してあまりにも失礼だと思わざるを得ない。

政府は、こうした状況に対して2009年以降、賃金水準の低さが指摘されるようになり、介護職員全般にわたる処遇改善を行っているが、未だに一般企業との隔たりは大きい。また、近年では業務負担の軽減を図るために、介護ロボットや見守り機器等情報通信技術（ICT）導入も推進しているが、その効果はまだ検証されておらず、相変わらず人手不足の深刻さが続いている。

そこで、人手不足解消の提案をしたい。その一つは「ナイトケア（夜間勤務）」の専門事業所の認可をしてはどうかという提案である。もちろん、常駐する職員は有資格者が条件だが、前述したとおり夜間勤務が敬遠され応募しない人たちが多いという。現在、24時間の訪問看護や訪問介護、そして夜間警備の仕事もある。だったら、ナイトケアを専門とする職業があって良いと思う。制度上は、施設経営などの観点も含め、さらに深掘りしなければならないが、一考に値すると思われる。

もう一つは、福祉施設における高齢者雇用の優遇措置を考えてはいかがかと思う。先日の新聞で65歳以上の就業者が伸びているとの報道があった。人手不足で即戦力を求める事業者とキャリアを生かしたい人とのマッチングである。現在、高齢者の再就職支援は、ハローワークで「生涯現役支援窓口」を設置しているが、さらに福祉施設に特化する制度になれば、人手不足解消のための一助にならないだろうか。

私は仕事柄、高齢者の入所施設やグループホームを訪問することがある。談話室や廊下で何もすることがなく、ただボーッと椅子に座っている姿を見ることがあり、やるせない気持ちになる。職員は忙しすぎて話し相手にもなってあげられない。

応募者には一定程度の研修が必要だが、福祉施設では、高齢者にできる仕事がたくさんある。利用者の話し相手、軽飲食の介助や移動支援、通院の同伴、環境整備、同好会のお手伝い、見守り、散歩の同伴などたくさんある。ボランティアではなく、対価を支払い責任ある仕事として行ってもらうことが大切である。利用者にも有効な支援となることは確実であると思う。ぜひ検討してほしい。

福祉施設職員の確保は処遇改善だけでは解決できない。実情に即した対策が求められる。介護の崩壊などは絶対にあってはならない。

最後に、本書出版にお力添えくださった文芸社のスタッフの皆様に心よりお礼を申し上げます。また、この本をお読みくださった方々に深く感謝を申し上げます。

2023年秋

福士憲昭

著者プロフィール

福士 憲昭（ふくし のりあき）

昭和24年生まれ。北海道旭川市出身。

明治学院大学社会学部卒業。

社会福祉士事務所エイド代表、社会福祉士。

【職歴】

北海道社会福祉事業団（北海道立太陽の園、北海道立福祉村、道庁障害福祉課派遣、法人本部、伊達市立通勤センター旭寮）／知的障害者更生施設南富良野「からまつ園」施設長／身体障害者療護施設「後志リハビリセンター」施設長／特別養護老人ホーム「緑ヶ丘ハイツ」施設長／「伊達市手をつなぐ育成会作業所」所長／保護司／家庭裁判所家事調停委員／民生児童委員
【著書】『施設を出て町に暮らす』（共著）ぶどう社

福祉施設の事故や虐待はなぜ防げないのか

2024年１月15日　初版第１刷発行

著　者　福士 憲昭
発行者　瓜谷 綱延
発行所　株式会社文芸社
〒160-0022　東京都新宿区新宿1－10－1
電話　03-5369-3060（代表）
03-5369-2299（販売）

印刷所　株式会社エーヴィスシステムズ

ISBN978-4-286-24762-5